Biblioteca
na escola

Biblioteca
na escola

Silvia Castrillón

TRADUÇÃO
Cleide Fernandes
Daniela Figueiredo
Fabíola Farias
Jéssica Tolentino
Raquel Fernandes Lopes

pulo do gato

 gato letrado

BIBLIOTECA NA ESCOLA
© edição brasileira: Editora Pulo do Gato, 2024
© Silvia Castrillón, 2022
Publicado pela primeira vez por Babel Libros (Bogotá, Colômbia), em 2022
www.babellibros.com.co
Título original: Biblioteca Escolar

EDITOR E COORDENADOR PULO DO GATO Leonardo Chianca
APRESENTAÇÃO Fabíola Farias
POSFÁCIO Luiz Percival Leme Britto
TRADUÇÃO Cleide Fernandes, Daniela Figueiredo, Fabíola Farias, Jéssica Tolentino, Raquel Fernandes Lopes
ASSISTÊNCIA EDITORIAL Agnis Freitas
PREPARAÇÃO DE ORIGINAIS Ana Paula Gomes
REVISÃO Carla Mello Moreira
PROJETO GRÁFICO Mayumi Okuyama
DESIGN E FINALIZAÇÃO Walkyria Garotti
IMPRESSÃO PifferPrint

A edição deste livro respeitou o novo
Acordo Ortográfico da Língua Portuguesa.

Dados Internacionais de Catalogação na Publicação (CIP)
(Câmara Brasileira do Livro, SP, Brasil)

Castrillón, Silvia
   Biblioteca na escola / Silvia Castrillón. -- São
Paulo: Editora Pulo do Gato, 2024.

   Vários tradutores.
   ISBN 978-65-87704-26-5

   1. Ambiente escolar 2. Artigos - Coletâneas
3. Bibliotecas 4. Leitores - Formação I. Título.

24-218981   CDD-027.8

Índices para catálogo sistemático:
1. Bibliotecas escolares: Biblioteconomia 027.8

Eliane de Freitas Leite - Bibliotecária - CRB 8/8415

1ª edição • 1ª impressão • setembro • 2024
Todos os direitos desta edição reservados à Editora Pulo do Gato.

pulo do gato | Rua General Jardim, 482 • conj. 22 • cep 01223-010
São Paulo, SP, Brasil • tel.: [55 11] 3214-0228
www.editorapulodogato.com.br
@editorapulodogato

Sumário

6   *A biblioteca escolar no coração do trabalho educativo*
por Fabíola Farias

14   A biblioteca na escola: espaço de proteção da leitura

34   Biblioteca na escola: um modelo legitimista ou uma proposta transformadora?

52   A necessidade da literatura

62   Biblioteca, escola e leitura

86   Da mediação da leitura ou de como "ir além"

114   Ler e conversar

132   *A difícil arte de ler e ser e o direito de ser e ler*
por Luiz Percival Leme Britto [Posfácio]

138   REFERÊNCIAS BIBLIOGRÁFICAS

144   SOBRE A AUTORA

148   DEDICATÓRIA E AGRADECIMENTOS

A biblioteca escolar no coração do trabalho educativo

por Fabíola Farias[1]

[1] Graduada em Letras, mestre e doutora em Ciência da Informação pela UFMG, com estágio pós-doutoral em Educação no Instituto de Ciências da Educação da Ufopa e em Estudos de Linguagens no CEFET-MG. É leitora-votante da Fundação Nacional do Livro Infantil e Juvenil - FNLIJ.

A pesquisa e a reflexão sobre bibliotecas no Brasil têm sido marcadas por uma perspectiva tecnicista, com ênfase em processos de gestão e de organização de espaços, acervos e serviços. Pouca atenção tem sido investida nos estudos de bibliotecas como instrumentos de formação cultural e de educação para o desenvolvimento humano, o que pode ser verificado nos currículos dos cursos de biblioteconomia, especialmente pela ausência de disciplinas sobre leitura, literatura, formação de leitores e Educação – em um país onde a escola é a principal forma de acesso a livros, é preocupante que as ciências da Educação não façam parte da formação de bibliotecárias e bibliotecários.

Para quem pesquisa bibliotecas públicas, ou trabalha diretamente com elas, a publicação de *O direito de ler e de escrever*[2], de Silvia Castrillón, em 2011, no Brasil, representou

---

2 CASTRILLÓN, Silvia. *O direito de ler e de escrever*. São Paulo: Pulo do Gato, 2011. (Coleção Gato Letrado).

a ampliação de horizontes. Esse livro nos convocou a pensar a instituição para além de sua operacionalização e especificações técnicas, renovando por aqui o entendimento de que organização, serviços, atividades e regras deveriam favorecer um projeto político, cujo horizonte será sempre a construção de vidas, relações e tempos mais justos. Mais que um profissional com habilidades técnicas, Castrillón apresenta como condição para esse projeto a formação do bibliotecário como um intelectual, atuando para que as bibliotecas públicas se ofereçam como espaço para conhecimento e indagação do mundo.

Nos últimos anos, Silvia Castrillón se tornou leitura obrigatória em trabalhos sobre bibliotecas no Brasil. O grande alcance dos textos reunidos em *O direito de ler e de escrever* e a presença constante da autora em eventos brasileiros criaram outras perspectivas de atuação e de reflexão sobre o tema no país, tanto nos ambientes acadêmicos quanto em congressos, seminários e grupos de estudos os mais diversos.

Biblioteca escolar, agora publicado em português como *Biblioteca na escola*, reúne seis artigos da autora, sendo um deles em parceria com Didier Álvarez Zapata, professor da Escuela Interamericana de Bibliotecología de la Universidad de Antioquia, na Colômbia, que se dedica intensamente à formação de bibliotecários como intelectuais.

Em consonância com o livro anterior e com tudo o que vem sendo dito por Castrillón em palestras, este livro reafirma o entendimento intransigente das bibliotecas, com ênfase nas escolares, como instrumento de formação.

Sem negociações em torno de soluções fáceis e aligeiradas, a autora reivindica a escola e sua biblioteca como espaços de proteção da leitura e da atenção a crianças e jovens, em um ambiente que os convide a pensar suas existências individuais e coletivas por meio da leitura e da escrita. Mais que um exercício de apresentação e de aceitação do mundo, a escola e a biblioteca devem se constituir como possibilidades para o alargamento de fronteiras.

O desejo de conhecer o mundo e de saber sobre nossa humanidade, defende a autora, encontra na leitura literária um espaço de potência e de resistência ao modelo que impõe à escola a receita perversa de produtividade e de competitividade. Por isso, a escola e sua biblioteca devem ensinar e proteger o tempo da leitura, do silêncio e da reflexão, criando condições para a experimentação da alteridade guardada pelas narrativas que nos contam sobre quem somos e como vivemos, em tempos e espaços distintos.

Vale destacar a reflexão, feita em diálogo com Didier Álvarez Zapata, sobre o conceito de mediação, tão presente em nossas práticas e discursos e, muitas vezes, esvaziado de sentido. Ancorados no entendimento da leitura como possibilidade de conhecimento e indagação do mundo, e da biblioteca como espaço para acesso a narrativas e sistemas de pensamento produzidos pela humanidade ao longo do tempo e do espaço, os autores discutem os processos de mediação na participação da cultura escrita, considerando suas condições materiais e subjetivas de produção, de circulação e de acesso à letra.

A leitura dos artigos de *Biblioteca na escola* suscita muitas discussões e problematiza certezas confortáveis, podendo causar, em um primeiro momento, incômodos. Mas, decantadas, as ideias apresentadas por Silvia Castrillón nos convocam a tomar a biblioteca na escola como espaço de educação e de cultura, extrapolando a atuação limitada e limitadora de apoio nas tarefas e pesquisas escolares ou no ensino do passo a passo para a busca de informações.

Não há dúvidas de que o livro que agora se oferece aos educadores brasileiros – bibliotecários, professores, agentes públicos e comunitários, mediadores de leitura – confirmará o caminho inaugurado por *O direito de ler e de escrever* em nossas pesquisas e em nossas práticas, trazendo a biblioteca na escola para o coração do trabalho educativo.

Por fim, é importante ressaltar que a tradução dos textos para o português, realizada por Cleide Fernandes, Daniela Figueiredo, Jéssica Tolentino, Raquel Fernandes

Lopes e por mim está orientada por interesses que vão além de nossa atuação acadêmica, ancorando-se na profunda admiração pelo compromisso com a justiça e com a democracia que compreendemos que existem na obra e na trajetória de Silvia Castrillón.

Biblioteca na escola

A biblioteca na escola: espaço de proteção da leitura[1]

1 Tradução de Fabíola Farias.

Há mais de quatro décadas, acompanhada de outros colombianos e colegas de diversos países da América Latina, venho pensando sobre a biblioteca na escola, trabalhando e imaginando um sistema educativo que a inclua e uma escola em que ela seja o espaço natural de acesso ao patrimônio cultural, representado pela escrita, e de que grande parte da população está excluída dela desde que nasce. E da qual segue excluída, apesar de sua passagem obrigatória pelo sistema escolar, que apenas cumpre os requisitos mínimos de socialização e de preparação para uma vida laboral frágil, como é frágil e precário quase tudo o que a sociedade oferece às grandes camadas excluídas – ou expropriadas de seus direitos culturais, propriamente dito.

Durante quarenta anos, tenho visto como nasce, sobrevive por poucos anos e morre de inanição a maioria dos programas que visa garantir uma biblioteca em cada escola.

Em meu país, e muito menos na região, não fui eu a primeira a falar em bibliotecas nas escolas. Alguns educadores e pensadores importantes me precederam, tanto na Colômbia como em vários países da América Latina; a título de exemplo, menciono nomes como o de José de Vasconcelos e Jaime Torres Bodet no México, e de Domingo Faustino Sarmiento na Argentina, cuja luta central foi a educação pública, incluindo a biblioteca na escola como parte dela. Considera-se, especialmente, que a educação para as camadas mais pobres da população deveria compensar as carências e lhes oferecer o que para elas não estava disponível: livros, por exemplo.

Eu poderia dizer, sem receio de equívoco, que quase todos os programas de bibliotecas – sejam elas denominadas públicas, escolares abertas ao público, escolares e ainda as comunitárias – empreendidos na região nos dois últimos séculos foram concebidos na perspectiva da escola, planejados como seu complemento. Suas coleções se formavam quase totalmente em torno das exigências curriculares e das atividades escolares. Criados pelo Estado em seus distintos níveis, ou por instituições privadas, as bibliotecas eram pensadas, em última instância, para que as crianças tivessem um lugar onde pudessem fazer os deveres, realizar pesquisas bibliográficas e ter acesso às informações que a escola pedia; em casos específicos, como nos das bibliotecas comunitárias da Argentina, havia o anseio de conhecer e de aprender, especialmente por parte dos imigrantes.

Hoje quero dividir algumas reflexões recentes sobre a biblioteca na escola; mas, antes, me parece necessário apresentar, ainda que de maneira muito breve, o que tenho vivido nessas quatro décadas como gestora e como espectadora. Cada vez mais, considero importante recordar as lições passadas, pois parece que atualmente o pensamento parte do nada. Como dizem alguns, sofremos, agora mais que nunca, a síndrome de Adão.

Por isso acredito ser necessário resgatar do esquecimento algumas informações que talvez nos permitam entender como tem evoluído o tema das bibliotecas nas escolas em alguns países de nossa região, e entender também seu papel no tempo presente. Para ser breve, vou me referir ao que conheci em primeira mão.

A biblioteca na escola tem sido objeto de políticas públicas em momentos distintos da história recente de nossos países, e tema recorrente, especialmente entre os profissionais da biblioteconomia, de alguns educadores, mas também de setores da produção do livro e, em algumas ocasiões, tem merecido a atenção de organismos internacionais e das administrações públicas nacionais e locais.

As primeiras ações foram empreendidas pela Organização dos Estados Americanos – OEA, que promoveu, a partir de 1973, a criação de uma rede de centros de documentação especializados em educação, leitura e literatura infantil, sendo alguns deles vinculados aos ministérios da Educação; e alguns serviram como laboratórios para a elaboração de projetos-piloto de bibliotecas em escolas.

Nesse período, os países realizaram em toda a região reformas educativas cujos propósitos se concentraram em melhorar a qualidade da educação, a qual, segundo seus postulados, havia se deteriorado nos projetos de expansão que pretendiam alcançar maior cobertura. Essas reformas, porém, se realizaram sob a tutela dos princípios da chamada "tecnologia educativa", que já carregava a semente do pragmatismo e do positivismo que caracterizam a educação atual.

A Educação começou a fazer parte da agenda de numerosos eventos intergovernamentais: reuniões de ministros, cúpulas ibero-americanas, em que se destaca um papel especial na solução dos múltiplos problemas de desigualdade e pobreza.

Para os países de nossa região, muitas dessas reformas foram implementadas pela OEA, que tinha, naquele momento, uma postura muito ativa no campo da educação e costumava emitir orientações programáticas por meio do Comitê Interamericano para a Educação, a Ciência e a Cultura e seu Programa Regional de Desenvolvimento Educacional. A chamada daquele momento era a tecnologia educacional, por meio da qual se pretendia resolver os problemas de qualidade da Educação, esquecendo que esses problemas têm origem política e não se resolvem com soluções tecnológicas. Um dos eixos desses projetos foi a criação de bibliotecas nas escolas como centros de recursos para aprendizagem (desde então, foi cunhada essa expressão); também nesse período começaram a ser realizadas pesquisas sobre as limitações do livro didático como eixo do processo de ensino-aprendizagem e surgiram as primeiras desconfianças sobre o futuro do livro como único suporte de informação e de conhecimento, que supostamente seria substituído pelas mídias audiovisuais da época.

Nesse contexto, foi proposto o uso de TV na sala de aula como recurso para aprendizagem, com uma infinidade de materiais educativos, não necessariamente livros, salvo os produzidos pelas crianças. Também foi a época da educação a distância.

No entanto, apesar da preocupação com as bibliotecas nas escolas naquele momento, só se tem notícia de poucos programas nacionais a elas destinados. Alguns deles foram objeto de um projeto multinacional promovido pela OEA, realizado entre 1979 e 1981, do qual participaram quatro países: Colômbia, Costa Rica, Peru e Venezuela. Esse projeto deixou a melhor informação que se conhece sobre os programas da época ao produzir o documento *Modelo flexível para um sistema nacional de bibliotecas escolares*; os programas nacionais em que se baseou iniciaram-se na década de 1970.

Esse documento partia de uma concepção de biblioteca na escola que pretendia superar o modelo sustentado em uma visão tradicional e biblioteconômica, e apresentá-la como uma instituição que permitisse à educação o cumprimento de objetivos relacionados, entre outros, com sua democratização e com a formação de leitores e escritores, e oferecia diversas opções para sua organização, assim como possibilidades de um programa cuja função principal seria a de acompanhar e assessorar a criação de bibliotecas nos centros educativos, oferecendo algumas ferramentas para seu desenvolvimento.

Uma delas foi o Laboratório de Literatura Infantil e Leitura da Colômbia, que contou com o apoio do governo do Canadá e levantou a necessidade de priorizar a formação e a atualização dos professores nos projetos de bibliotecas nas escolas, assim como de iniciar um processo de elaboração de critérios para a seleção dos materiais necessários para equipá-las.

Em julho de 1980 foi realizada na Venezuela a IX Conferência Internacional de Bibliotecários Escolares, e de seu relatório final se pode deduzir que, naquele momento, o desenvolvimento das bibliotecas nas escolas, na maioria dos países da região, além de bastante precário, apresentava muitas coincidências: mencionava-se a ausência de uma legislação que lhes permitisse impulsionar seu desenvolvimento – alguns países contavam com normas que obrigavam a distribuição gratuita de livros didáticos –, a despeito da qual começaram a ser realizados projetos-piloto, a centralizar alguns processos, especialmente no campo da sistematização dos acervos, e se constituíram as primeiras redes regionais no interior de alguns países.

Na década de 1980, o mercado editorial colombiano começou a se consolidar e, sem abandonar seu principal produto, o livro didático, iniciou a diversificação de sua produção com livros e materiais informativos auxiliares aos processos educacionais e com a literatura para crianças. Foi o começo da produção de livros para crianças no país.

Essa poderia ser considerada a primeira onda do auge da biblioteca na escola. Porém esses programas e os dos países vizinhos desapareceram nas mudanças de políticas educacionais e por falta de vontade política em garantir os grandes investimentos que as bibliotecas escolares demandavam, não apenas em livros, mas especialmente em profissionais que se dedicassem a elas.

Também porque o mercado editorial insistia que a única necessidade da educação era o livro didático. Nesses anos se iniciaram em muitos países da América os planos de distribuição em massa de livros didáticos para as escolas, em função da pressão das grandes editoras produtoras de textos escolares, as mais importantes e influentes nas decisões relativas às políticas públicas educacionais. As compras eram financiadas pelo Banco Mundial, mediante o endividamento externo dos países.

Transcorreram pouco mais de duas décadas para que se voltasse a falar de bibliotecas nas escolas. Enquanto isso, grandes bibliotecas públicas foram construídas, com a ideia de que substituiriam as escolares.

No final do milênio, algumas reuniões internacionais foram realizadas, e uma delas foi o Seminário Internacional de Bibliotecas Escolares, em Santiago do Chile, em outubro de 1999, que tratou de temas relacionados à tecnologia educacional, que nessa época constituía a preocupação central das bibliotecas e da Educação – e na ocasião foram apresentados os Centros de Recursos para a Aprendizagem chilenos, que se consolidaram como alternativa a bibliotecas nas escolas.

O mercado editorial espanhol, que não aceitava perder seu setor mais importante, a América Latina de língua hispânica e suas escolas, já estava se consolidando na Colômbia com o apoio de uma lei de incentivo ao livro que dispensava de impostos o segmento. Depois tiveram início os projetos de formação de acervos nas escolas com livros não didáticos, os mal designados Planos Nacionais de Leitura. É preciso esclarecer: tratava-se apenas de entregas de livros, sem que fizessem parte de projetos que contemplariam a biblioteca na escola ou a formação de professores, a não ser em oficinas esporádicas, sem continuidade. Tampouco foram previstas intervenções na rotina e nos espaços das instituições educacionais. Em muitos casos, os livros foram recebidos pelas escolas, e as caixas em que chegaram nunca foram abertas.

No começo deste século, as bibliotecas em escolas voltaram a encontrar nas políticas públicas novas possibilidades, como projetos nacionais associados mais uma vez à melhoria da qualidade da Educação. Países como Argentina, Brasil, Chile e México, de maneiras diferentes, começaram a introduzir em suas políticas educacionais e legislação o tema das bibliotecas em escolas e o requisito de que fossem organizadas dentro das escolas.

No Brasil, em 2002, a Fundação Biblioteca Nacional / Ministério da Cultura publicou um documento importante produzido pela Fundação Nacional do Livro Infantil e Juvenil – FNLIJ, que constituiu um guia para a organização da biblioteca escolar, destacando-a como instrumento para o cumprimento do direito à leitura, enquanto concedeu à literatura papel central em sua proposta.[2]

No restante do continente não é gratuito que, mais uma vez, organizações internacionais, especialmente a Organização dos Estados Ibero-americanos – OEI e algumas instituições espanholas, como a Agência de Cooperação para o Desenvolvimento do Ministério de Assuntos Exteriores da Espanha, com o apoio de algumas editoras espanholas, como Santillana e SM, tenham começado novamente a estimular a discussão sobre as bibliotecas nas escolas. Essas instituições estão agora exercendo o papel que em outro momento coube ao Banco Mundial, não de maneira tão direta, mas mediante o estabelecimento de relações estreitas com os governos e com a sociedade civil e as universidades.

Uma pesquisa sobre a situação das bibliotecas nas escolas na Argentina (realizada também no México, Chile e Brasil), promovida pelo Ministério da Educação, o Plano Nacional de Leitura e o Programa de Bibliotecas Escolares e Especializadas do país, patrocinada pela OEI e pelo Ministério de Assuntos Exteriores e de Cooperação da Espanha,

---

2 Fundação Nacional do Livro Infantil e Juvenil. *Biblioteca da escola*: direito de ler. Rio de Janeiro: Programa Nacional de Incentivo à Leitura – Proler, 2002. (N.T.)

destaca em sua introdução a importância da "ampliação das coleções e a atualização dos acervos bibliográficos".[3]

Em 2009, a OEI propôs as Metas Educacionais para 2021. Entre elas, a biblioteca em escolas e a leitura tiveram lugar: um dos textos publicados reuniu especialistas no tema, apresentando dados sobre a situação atual das bibliotecas nas escolas e das políticas públicas que as contemplavam, além de algumas reflexões sobre o ensino de leitura.[4]

Tudo isso nos permite pensar que a preocupação com as bibliotecas nas escolas existe não apenas por parte dos professores e bibliotecários, mas também das instituições que administram a Educação, tanto locais como nacionais. E mais recentemente por parte de editores, que veem nelas um novo mercado. Alguns países mantêm o propósito de dotar todas as suas escolas com bibliotecas, embora cada vez mais com menos convicção. Algumas escolas, especialmente as particulares, não abandonaram seus projetos de biblioteca, mas suas iniciativas

---

3 Las bibliotecas escolares en Argentina: un diagnóstico desde sus actores. Buenos Aires: Editorial SM, 2010. Disponível em: http://planlectura.educ.ar/pdf/Bibliotecas_Argentina.pdf (p. 10). Acesso em: 5 jul. 2024.

4 MIRET, Inés; ARMENDANO, Cristinha (org.). *Lectura y bibliotecas escolares*. (Metas Educativas 2021) Madrid: Organización de Estados Iberoamericanos para la Educación, la Ciencia y la Cultura: 2009. Um dos capítulos desta publicação faz parte desse livro.

não passam de esforços isolados no contexto geral da Educação do país. Não obstante, essa constatação não esconde a pouca clareza que se tem sobre o significado da biblioteca na escola como uma instituição que contribui para a melhoria da qualidade da Educação, fazendo-a mais inclusiva e fortalecendo sua relevância na defesa do caráter público e democrático do ensino.

Com exceção dos casos mencionados, seria possível dizer sem medo de exageros que o estado das bibliotecas nas escolas é bastante precário e a maioria dos países não conta com programas para promovê-las.

Quase toda a documentação sobre o tema apresenta a biblioteca na escola como recurso paralelo às aulas, onde se pode acessar informações, realizar os "deveres" ou "tarefas" e dispor de materiais de leitura "recreativa" para o uso do tempo livre, e de onde os meninos e as meninas poderiam adquirir o gosto pela leitura. Parece não haver muita clareza sobre as possibilidades que a biblioteca na escola pode oferecer para garantir o direito à leitura e à escrita e a participação na cultura letrada. Ainda é comum que se compreenda a biblioteca nas escolas como depósito de livros, especialmente de materiais didáticos.

Essa breve história pode nos ajudar a levantar alguns temas para reflexão, por exemplo, se os múltiplos interesses que têm inspirado a criação de bibliotecas nas escolas, pelo menos nos países americanos de língua espanhola, as desviam de seu principal objeto; qual a razão de não se ter alcançado uma sociedade com participação plena na cultura escrita; qual seria a razão de tantas dúvidas sobre a utilidade de uma biblioteca, com livros, para as escolas; e, especialmente, se as pessoas se valem da biblioteca como meio para seu desenvolvimento humano, pensando e se apropriando do capital simbólico presente na literatura, em meio a tantas ações de distribuição massiva de livros nas escolas.

Perguntas como essas talvez nos ajudem a pensar nas bibliotecas de outra maneira e a estabelecer objetivos que sejam mais afins com a democratização da educação e da cultura escrita. Não tenho respostas e tampouco acredito que essas indagações sejam simples. Penso, como Graciela Montes, que "nosso tempo perdeu sua confiança na leitura, não tem muita certeza de sua serventia e, envergonhado por ter deixado se perder algo tão valioso, às vezes compõe elegias sobre ela e a faz dançar como um macaquinho"[5], assim como as bibliotecas nas escolas têm total relação com a leitura.

Também não se pode perder de vista que a biblioteca na escola não é como a pública, que não faz parte

---

5 MONTES, Graciela. *Buscar indícios, construir sentidos.* Salvador: Solisluna, 2020. (Selo Emília).

de instituições educacionais; ela depende inteiramente de concessões e políticas para a área, de formação docente e de projetos pedagógicos. Tampouco as políticas educacionais vigentes outorgam à escola um papel que extrapole a formação de cidadãos adaptados e passivos, consumidores em potencial e com habilidades mínimas para exercer uma profissão ou ofício.

Creio que as funções da biblioteca na escola são de caráter político, ético e educativo, e que não estão separadas do papel mais amplo da escola. Mas acredito também que a biblioteca na escola tem objetivos específicos que lhe conferem identidade própria e razão de ser na escola e no trabalho educativo, e que pode promover reflexões que lhe permitam encontrar novos sentidos e reorientar suas práticas.

Ultimamente, parece-me que o mais honesto não seja dar respostas, mas oferecer elementos para contribuir em sua construção de maneira coletiva. Para tanto, entendo que uma conferência não deveria ser outra coisa senão um guia de leituras – como disse Gabriel García Márquez, em alguma ocasião, referindo-se a um curso de literatura.[6] Portanto, quero propor a vocês alguns temas de

---

6 GARCÍA MÁRQUEZ, Gabriel. *La poesía al alcance de los niños*. Disponível em: http://www.cruzagramas.com.ar/2008/06/gabriel-garca-mrquez-la-poesa-al.html. Acesso em: 5 jul. 2024.

trabalho e alguns autores que nos ajudem a pensá-los. Concretamente, três: Hannah Arendt, Jan Masschelein e Roberto Casati.

Em primeiro lugar, gostaria de pensar na biblioteca escolar (na realidade, é à escola que cabe a tarefa que vou enunciar, mas a biblioteca na escola pode ser uma poderosa aliada) como um espaço onde seja possível, como afirma Hannah Arendt[7], apresentar o mundo aos recém-chegados, os protegendo dele e preparando-os para protegê-lo. Em seu imprescindível ensaio *A crise na educação*, Hannah Arendt afirma: "a essência da educação é a natalidade, o fato de que seres *nascem* para o mundo". E, mais adiante:

> A responsabilidade pelo desenvolvimento da criança volta-se em certo sentido contra o mundo: a criança requer cuidado e proteção especiais para que o mundo não jogue sobre ela nada de destrutivo. Porém, também o mundo necessita de proteção, para que não seja invadido e destruído pelo assédio do novo que irrompe sobre ele a cada nova geração.

---

7 ARENDT, Hannah. A crise na educação. In: *Entre o passado e o futuro*. São Paulo: Perspectiva, 2013.

E finaliza esse ensaio com palavras que, ao meu modo de ver, poderiam constituir um manifesto da Educação:

> A Educação é o ponto de partida para decidirmos se amamos suficientemente o mundo de forma a assumir nossa responsabilidade por ele e, com isso, salvá-lo da inevitável ruína que somente a renovação, com a chegada dos mais novos e dos jovens, poderia evitar. Também mediante a Educação decidimos se amamos nossas crianças o bastante para não as expulsar de nosso mundo e abandoná-las a seus próprios recursos, e tampouco arrancar de suas mãos a oportunidade de empreender alguma coisa nova e imprevista para nós, preparando-as, em vez disso, com antecedência para a tarefa de renovar um mundo comum.

De sua parte, Maarten Simons e Jan Masschelein, em seu livro *Em defesa da escola: uma questão pública*[8], afirmam que "a invenção da escola pode ser descrita como a democratização do tempo livre", o que, em meu entendimento, quer dizer que a função da escola é oferecer tempo livre para fazer e praticar o que não se faz nem se pratica na

---

8 MASSCHELEIN, Jan; MAARTEN, Simons. *Em defesa da escola*: uma questão pública. Belo Horizonte: Autêntica, 2013.

sociedade, na família, sem converter o tempo livre em tempo produtivo. Os autores afirmam que

> [...] a tarefa da educação é garantir que o mundo fale com os jovens. Consequentemente, o tempo livre como tempo escolar não é um tempo para diversão ou relaxamento, mas é um tempo para prestar atenção ao mundo, para respeitar, para estar presente, para encontrar, para aprender e para descobrir. O tempo livre não é um tempo para o eu (para satisfazer necessidades ou desenvolver talentos), mas um tempo para se *empenhar em algo*, e esse algo é mais importante que as necessidades pessoais, os talentos e os projetos.

Eles também dizem que o papel do professor – eu diria o de toda a escola – é trabalhar especialmente com a motivação e a atenção para "proteger a atenção", estar presente, compartilhar o mundo, compartilhar e gerar amor e interesse pelo mundo, por um tema ou um problema, por um acontecimento, por um livro – acrescento eu. E penso que a biblioteca na escola pode encontrar nesses propósitos sua razão de ser.

Destaco dessas citações o tema, ao meu modo de ver, fundamental e pouco tratado, do papel que tem a escola como "protetora da atenção", como espaço protegido

das múltiplas distrações que não permitem aos recém-
-chegados ocupar-se do mundo.

Outro autor que chama a atenção para a escola como espaço protegido é Roberto Casati[9], em uma defesa muito inteligente – e nada conservadora nem antiquada – do livro e da "leitura em profundidade" – como diria o professor brasileiro Luiz Percival Leme Britto[10] –, e que é um manifesto contra o colonialismo digital a que estamos submetidos na sociedade atual, do qual a escola não está livre, em que apresenta a instituição como um dos últimos redutos possíveis de libertação desse colonialismo.

Casati faz uma análise sobre como o colonialismo digital a que estamos todos submetidos, principalmente as crianças e os jovens, não deixa brechas para que nos interessemos verdadeiramente pelo mundo, para que mantenhamos a atenção e nos ocupemos dele. Afirma Casati:

> A escola apresenta uma enorme vantagem sobre a qual não parece ter consciência e que muitos outros tratam de destruir conscientemente. Ela é um espaço protegido no

---

9 CASATI, Roberto. *Elogio del papel*: contra el colonialismo digital. Barcelona: Planeta, 2015. [Sem edição no Brasil.]

10 BRITTO, Luiz Percival Leme. *Inquietudes e desacordos*: a leitura além do óbvio. Campinas: Mercado de Letras, 2012.

qual haveria que se apropriar do conhecimento, e não se contentar com buscá-lo e recebê-lo. É um espaço protegido no qual não é possível "zapear" e onde o tempo e os objetivos estão delimitados.

Destruímos essa proteção ao incorporar tablets e toda sorte de artefatos que distraem – acrescento eu.

Aqui se encontram os três autores que proponho nesta ocasião, considerando que o tempo da escola é um tempo privilegiado, é um tempo distinto, é um tempo lento, é um tempo gratuito.

E a isso deve estar atenta a biblioteca escolar para trabalhar com a escola no resgate e na manutenção desse tempo e na oferta do que a sociedade não oferece, porque não quer ou não pode, como, por exemplo, a literatura, a literatura de qualidade, o patrimônio da humanidade que deveria pertencer a todos, pois a literatura exige tempo, silêncio e atenção. Mas esse, o da literatura, é outro tema, para outra conferência, em outra ocasião.

Biblioteca na escola: um modelo legitimista ou uma proposta transformadora?[1]

1 Texto elaborado por Silvia Castrillón para Encuentro de Bibliotecas Públicas y Escolares, organizado pela Escuela Interamericana de Bibliotecología de la Universidad de Antioquia, de Medellín, 14 e 15 de setembro de 2009.
Este texto contou com a leitura e valiosas contribuições do professor Didier Álvarez Zapata.
Tradução de Daniela Figueiredo.

Os governos das cidades de Bogotá e Medellín têm difundido a proposta de criar bibliotecas em novas escolas, bem como de qualificar os espaços em funcionamento, o que traz de volta a discussão sobre as bibliotecas em escolas na Colômbia. Pode ser que para a sociedade colombiana a biblioteca na escola comece a ser uma matéria de interesse entre os objetivos educativos do país e tema central nos processos de educação biblioteconômica. Entretanto, esse otimismo não pode nos deixar cair na ingenuidade. Embora a construção de novos edifícios para bibliotecas nas escolas, melhores aportes de coleções bibliográficas e documentais e, ainda, o esforço para contratar bibliotecários sejam uma grande conquista, isso não significa necessariamente que haja uma ideia clara do que a biblioteca na escola representa no processo social da educação e na reflexão pedagógica.

Na verdade, no atual modelo educativo, a biblioteca na escola continua significando pouco e se vê reduzida, invariavelmente, a um espaço para consulta, lugar para realização de tarefas, de usos instrumentais da informação e, em algumas ocasiões, para as ações de "promoção da leitura". A diferença é que agora pode ter, talvez, nas experiências das cidades mencionadas, mais recursos.

Essa situação de indefinição da concepção da biblioteca na escola como espaço educativo, como ente pedagógico, é apenas a manifestação lógica de uma profunda falência ontológica e programática que não permite responder a transcendentais perguntas sobre sua existência e seu fazer: o que diz e o que faz a biblioteca no âmbito da educação? Que representações as bibliotecas têm de educação, das escolas e do papel das escolas na sociedade? E mais especificamente: quais concepções, convicções e compromissos fundamentam a cultura escrita e a informação?

As perguntas anteriores são válidas e poderiam ser feitas por qualquer bibliotecário inquieto e comprometido com a busca de um sentido para a biblioteca na escola. Porém aqui propomos a inversão do lugar de onde são feitas as perguntas. Ou seja, perguntar sobre a biblioteca a partir das concepções que tem a sociedade sobre a educação, a partir das concepções e interesses de quem observa a leitura e a escrita – e, consequentemente, seu ensino e sua promoção. Trata-se de entrar ali e ver o papel que a biblioteca escolar desempenha com relação à escrita e à leitura.

Quando se examina o modelo proposto para a escola atual, ou seja, uma escola empenhada na formação de pessoas em condições de competir no mercado de trabalho e de contribuir, supostamente, para a melhoria dos índices de competitividade nacional – sem entrar no terreno das profundas contradições envolvidas em tal modelo –, a biblioteca na escola teria um lugar bastante visível nas políticas educativas e até na macroeconomia do país. De fato, poderia constituir um instrumento para o impulso de projetos funcionalistas, como o da sociedade da informação e do conhecimento, e como espaço de consumo das tecnologias da informação e comunicação (TICs). A esse modelo escolar poderíamos inclusive agregar – para estar em dia com as tendências ideológicas – o da formação cidadã. Isso, sempre e quando se trata, é claro, de uma cidadania que não comprometa o modelo de sociedade para o qual essa escola trabalha. Nesse sentido, a biblioteca na escola seria um maravilhoso espaço de reprodução da cultura política de viés cívico, integradora e modeladora de comportamentos cidadãos exteriores, que promovem a cidadania como norma; valores e comportamentos ajustados a uma ordem social estabelecida, como se dizia antes, na competência para a produtividade e no êxito econômico como ideal de vida.

Partindo dessas concepções, é possível que as bibliotecas escolares estejam começando a encontrar um espaço aqui e em outros países. Fazem parte agora das propostas de alguns organismos internacionais; em alguns lugares, estão incluídas no desenho dos novos edifícios para as escolas, são mencionadas nas políticas educativas – pelo menos de alguns países e cidades colombianas – e começam a ser consideradas como fator que impacta os índices de eficiência de algumas avaliações sobre qualidade da educação.

Todavia, também nesses discursos, apresentam-se grandes contradições inerentes ao modelo de sociedade e educação a seu serviço. Dentro desse esquema com fins pragmáticos e imediatistas, que devem efetivar-se com a maior eficiência – ou seja, com menor custo e menor esforço –, as bibliotecas nas escolas são as primeiras a sofrer essas pressões, na medida em que se associam mais com o livro do que com os computadores. Ainda assim, nesse modelo, pode-se pensar na biblioteca escolar como apoio para a escola com dois propósitos: para a dita "alfabetização digital" – é bem sabido que nessa matéria os bibliotecários superam os professores – e para promover a leitura como diversão.

Entretanto, ainda que neste *modelo legitimista*, a biblioteca na escola também não encontra uma forma de trabalho em harmonia com a sala de aula. Pelo contrário, estabelece-se uma especialização de papéis entre a biblioteca e a sala de aula em que a biblioteca parece não ter uma atuação essencial, que incida de maneira efetiva nos processos educativos, e a aula não se torna referente real para leituras que não estejam associadas diretamente ao cumprimento dos deveres escolares, tampouco para a formação das coleções e serviços bibliotecários.

Aprofundando essa reflexão, pode-se dizer que, certamente, no atual modelo institucional escolar colombiano, a sala de aula atua em determinadas tarefas e a biblioteca em outras. Em uma espécie de operação tautológica, cada uma busca sentido em si mesma, seja nos limites da técnica didática ou nos da técnica biblioteconômica.

Os papéis estão devidamente demarcados, de maneira que os processos educativos que compartilham, e que deveriam ser integralmente atendidos por biblioteca e sala de aula, se dissociam a tal ponto que, tanto para professores quanto para bibliotecários e estudantes, as funções nada têm a ver umas com as outras: aprender a ler, aprender a escrever, buscar informação, memorizar dados e responder a questionários são atividades mecânicas e isoladas, e não parte de processos de construção de conhecimento e de significação do mundo e de si mesmos – como elaborar uma argumentação ou contrapor outra, compreender um fenômeno natural ou social, ou o funcionamento de um mecanismo, e desfrutar do prazer da leitura de um texto. Em suma, as práticas de ler e de escrever com sentido não têm nada a ver com as primeiras ações, aquelas realizadas em aula; muito menos parecem ter relação com os processos próprios do uso da informação.

Com isso, adota-se na escola uma norma central (e daninha) do pensamento mecanicista moderno: há um lugar para cada coisa e cada coisa tem seu lugar. Reitera-se, assim, a pulsão atomizante do pensamento cartesiano que, em termos educativos, projeta a biblioteca e a sala de aula como lugares distantes, com limites simbólicos e rituais míticos insuperáveis.

Nessas condições de fratura da unidade inerente aos processos pedagógicos da aula e da biblioteca, "o conceito de ensino [se reduz] à reprodução mecânica de sequências didáticas preestabelecidas, que em geral orbitam em torno do livro didático como fonte única", como dizem os professores argentinos Cecilia Bajour e Gustavo Bombini.[2] Essas sequências, baseadas em uma única fonte, se reforçam mediante consultas que os estudantes devem

---

2 BAJOUR, C; BOMBINI, G. Módulo III Bibliotecas escolares. Mestrado em Promoción de la Lectura, Universidad de Alcalá. Instituto de Postgrado de Estudios Culturales y de Comunicación. (www.ipecc.net).

fazer na biblioteca – na escolar, se há; ou na pública, quando a escola não conta com biblioteca –, e para as quais o bibliotecário se prepara com base naquilo que já sabe que o professor costuma pedir.

O resultado desse processo é a alienação de todos. Do professor, porque reduz o universo amplo do saber humano a dados e nega a possibilidade da controvérsia, da verificação documental e da atitude crítica. Do bibliotecário, porque se torna um simples detentor da informação. E, sem dúvida alguma, o estudante apropria-se de estratégias perversas de manejo da informação, nas quais conhecimento confunde-se com informação, informação com dados e dados com certeza.

Nessa perspectiva, como dizem também Bajour e Bombini:

> [...] ignoram-se os contextos específicos nos quais o ensino é produzido [...], os cenários socioculturais, a pluralidade dos sujeitos que dele participam, a riqueza e multiplicidade dos textos que podem ser lidos em classe, na biblioteca e na escola.

Indo mais além nas relações entre biblioteca e sala de aula, cabe advertir que o *modelo legitimista* da educação corresponde, por um lado, à concepção reducionista da leitura, promovendo-a como evasão, como recurso lúdico e recreativo (uma atividade orientada fundamentalmente para responder à promoção do livro na sua condição de mercadoria, associada de maneira exclusiva ou prioritária com as indústrias do entretenimento). E, por outro, está associada à concepção de informação como objeto, como instrumento, como recurso, e não como processo social e cultural. Nessas duas concepções, é evidentemente certo que todas as bibliotecas, especialmente as escolares, estão muito à vontade.

Não se quer dizer com isso que a partir da biblioteca na escola não se deva, ou não se possa, facilitar o acesso às tecnologias, nem propor o prazer da leitura. Eis então a sutileza do conteúdo ideológico do atual ideário da biblioteca na escola: propõe a leitura como atividade hedonista, carente de risco e de esforço, de compromisso e dedicação, uma atividade destituída de toda a busca de sentido. Assim, essa ideia impregna quase todos os projetos de qualificação e de desenvolvimento das escolas do país e reduz o complexo problema sociológico, político, econômico e biblioteconômico envolvido no processo de *transferência social da informação* ao acesso às TICs, ao mesmo tempo em que destitui a leitura de todo seu poder transformador pessoal e social.

Numa fase mais refinada dessa concepção legitimista – que começou a ter novas ressonâncias nas iniciativas biblioteconômicas da cidade, como aquelas mencionadas no início deste texto – surge a imagem idealizada de uma biblioteca escolar moderna, funcional, bem organizada segundo modelos biblioteconômicos, e especialmente dotada com as últimas tecnologias da informação e da comunicação. Por trás disso, não há por que negar, oculta-se a concepção de desenvolvimento social como um problema de infraestrutura e de tecnologias. Assim, caminha-se para um modelo funcional de biblioteca na escola tão tecnologizado como esvaziado dos propósitos fundamentais para uma educação desalienante, comprometida em formar para saber de si, em face do outro e com a responsabilidade assumida de esforçar-se por ter uma vida social e política inclusiva e dignificante.

Diante da consolidação do *modelo legitimista* da biblioteca escolar, a única possibilidade seria, inicialmente, encorajar uma tomada de consciência acerca de que seus ideários não são propósitos fundamentais com os quais se deveria trabalhar o problema das relações entre a vida social, a informação e a cultura escrita nas escolas e nas bibliotecas.

A questão é poder provocar uma reflexão profunda (socializada e politizada) sobre a necessidade não só de questionar esses pressupostos, mas também de gerar ações que permitam "ir mais além" nos profundos temas da formação de leitores e de escritores em uma cultura aberta, pública, radicalmente disponível para todos – mas nunca obrigatória nem homogeneizadora. Também é preciso avançar no tema da formação científica como ação pedagógica para a dignificação da vida e do respeito pela unidade do ser humano com o mundo, e não para sua depredação; e no uso da informação como meio, e não como fim. E, ainda, de propor, no âmbito da formação para a cultura escrita, outros propósitos mais elevados, mais próximos da ânsia humana de significação e completude.

E se acreditamos possível que as ações possam se dar de outra maneira – pelo menos em alguns lugares, em alguns momentos e com algumas pessoas –, alguns propósitos para educação podem ser definidos, ou melhor, algumas condições em que a sala de aula e a biblioteca possam trabalhar conjuntamente para uma transformação do modelo educativo, pelo menos na microesfera, em algumas escolas, onde seja possível ainda a construção escolar de conhecimento, como diria Emilia Ferreiro. Trata-se, como dizem Bajour e Bombini:

> [...] de postular um universo aberto de informação diversificada que reconhece na biblioteca escolar um domicílio privilegiado para seu acesso, sua busca, sua investigação.

Essa busca terá a complexidade de uma *indagação crítica* que analisará a qualidade da informação coletada, a confiabilidade de suas fontes, e propiciará sua leitura reflexiva, uma vez que estabelecerá *conexões*, pontes e *nexos* entre a informação recolhida. (grifos nossos)

Deve-se destacar dessas palavras os conceitos de *indagação crítica* e de *estabelecimento de nexos e pontes* entre a informação, incluindo que, se essas operações se realizam mediante práticas sociais, como deveriam ser na escola – sem dúvida transcendentais na construção de um novo modelo de educação –, a biblioteca na escola adquire outro sentido, diferente.

Esse outro sentido pode se dar na medida em que se instale na escola uma nova postura ante a informação e o conhecimento, ao considerar que esses se questionam, comparam-se, relacionam-se, contextualizam-se e se abordam a partir de diferentes perspectivas; e são objetos de uma construção coletiva, cuja experiência e os saberes de todos os que participam dessa construção contam e são valorizados. Tudo isso, em um horizonte pedagógico levantado por Paulo Freire com suas ideias libertadoras sobre o saber, ao dizer que "quanto mais criticamente se exerça a capacidade de aprender, tanto mais se constrói e desenvolve o que eu venho chamando de 'curiosidade epistemológica', sem a qual não alcançamos o conhecimento cabal do objeto".[3]

Contudo, é importante abrir parênteses para dizer que a revalorização dos saberes dos estudantes não significa, de nenhuma maneira, que o conhecimento dos professores e bibliotecários seja menos importante e que ambos, professores e bibliotecários, devam retroceder, sem intervir ou orientar. Não se trata de renunciar à intervenção, questão que está em evidência em nome dos mistificados interesses e suposta autonomia dos alunos. Partir dos interesses e dos saberes prévios é uma nova norma com a qual, definitivamente, se renuncia a formar e educar, e que se converte em fator importante de exclusão, pois, com toda segurança, quem está dotado com mais interesses e saberes é também quem teve mais oportunidades. Sobre esse tema, também poderíamos citar Freire, que de maneira insistente coloca a intervenção do professor como um dever ético, e ainda, Philippe Meirieu, que trata essa questão ao longo de seu livro *La opción de educar*.[4]

---

3 FREIRE, Paulo. *Pedagogia da autonomia*: saberes necessários à prática educativa. Rio de Janeiro: Paz e Terra, 2019.

4 MEIRIEU, P. *La opción de educar*: ética y pedagogía. Barcelona: Octaedro, 2001.

Por isso, é necessário propor uma biblioteca escolar que se saiba parte integrante da escola e cujo propósito seja de converter-se em espaço para olhar de outra maneira o conhecimento e a informação, e de ressignificar a leitura e a escrita, tanto para os docentes como para os estudantes. A primeira mudança que deve ocorrer na biblioteca é, então, a de sua concepção: essa deve ser feita primeiro a partir do educativo, de modo a não desvalorizar o biblioteconômico. O pesquisador espanhol Guillermo Castán, em seu livro *Las bibliotecas escolares: soñar, pensar, hacer*[5], refere-se à tendência de estabelecer o modelo de biblioteca escolar partindo da perspectiva biblioteconômica:

> Outro risco já manifestado na maior parte da produção teórica e das experiências realizadas nos últimos anos é o de centrar o interesse em como organizar tecnicamente uma biblioteca escolar de modo mais "eficaz", evidenciando uma concepção puramente instrumental da biblioteca, na qual os meios se confundem com os fins, e ignorando o debate de fundo, que deveria centrar-se nas finalidades, no para quê (e só depois se responderia sobre o como) de uma biblioteca

---

5 CASTÁN, G. *Las bibliotecas escolares*: soñar, pensar, hacer. Sevilla: Diada Editora, 2002.

escolar em novo modelo em algumas escolas que devem dar respostas a novas necessidades curriculares e sociais.

Os já citados Bajour e Bombini afirmam:

Uma biblioteca escolar é muito mais que uma soma de premissas que poderíamos considerar imprescindíveis para sua existência: uma coleção de livros e outros suportes de leitura, espaço e tempo de funcionamento, leitores, mediadores com um grau maior ou menor de vinculação com a docência e de especialização biblioteconômica. As recomendações, por exemplo, de organismos internacionais como a IFLA, sobre os requisitos desejáveis para que uma biblioteca seja operacional, são uma ferramenta importante para ter como marco, porém, não possibilitam que a biblioteca transforme-se em um espaço vivo, utilizado e hospitaleiro. Os componentes prioritários podem existir, entretanto, não garantem um vínculo fértil entre a biblioteca e as necessidades de quem protagoniza a vida escolar de cada instituição.

Isso significa que uma biblioteca na escola é mais produto de uma construção coletiva em que participam docentes, gestores e professores em primeira instância, mas também alunos. "Uma biblioteca escolar não nasce, se faz" diz, em outro texto, Cecília Bajour.[6] Dito de outra maneira: inserir uma biblioteca nas práticas cotidianas de professores e alunos, no imaginário de gestores e administradores de níveis centrais, de equipes de planejamento curricular e de grupos acadêmicos não é algo que se dê mediante sua inclusão em uma norma ou discurso. Tampouco depende da boa vontade de bibliotecários ou de alguns professores, embora seja possível que entre eles surjam as primeiras iniciativas.

Essas iniciativas deveriam ter como orientação o desenvolvimento na escola de reflexão sobre a informação e sobre o conhecimento, as circunstâncias em que são produzidos, as condições de mercadoria a que foram reduzidos os objetos culturais – os livros, por exemplo – e a informação, as relações de poder que impedem sua apropriação, tornando-a fonte de riqueza para poucos, mas também sobre a informação e a leitura e escrita como necessidades para a compreensão do mundo e de si mesmo, e como estímulo para a ação. Também deveriam propiciar a reflexão sobre o valor social que a leitura e a escrita têm; a importância de que

---

6 BAJOUR, C. *Apuntes sobre bibliotecas escolares*. Reflexiones surgidas a partir del intercambio del I Encuentro de Bibliotecas Escolares dedicado a "Perspectivas de las Bibliotecas Escolares en Iberoamérica". Cerlalc. Cartagena de Indias, 25 a 27 de julho de 2006.

sua apropriação seja social, mediante práticas sociais e com fins sociais. A biblioteca – a pública e a escolar – é que deveria convidar a sociedade a uma reflexão dessa natureza, caso se considere que ambas partilham de um projeto político comum, que propõe um sistema mais justo e inclusivo.

Por outro lado, essa reflexão deve incluir as condições necessárias para criar na escola, em cada escola, uma biblioteca que permita diversificar e ressignificar as práticas de leitura e de escrita; ressignificar o uso, o contexto e a crítica da informação; que proporcione o acesso a materiais de leitura variados, pertinentes e, sobretudo, de excelente qualidade. Tudo isso com projetos com os quais a instituição se comprometa e que envolva toda a comunidade educativa, incluindo pais e mães em sua própria formação de leitores, tornando-os cúmplices e não auxiliares na formação de seus filhos como leitores.

Para terminar, não convém fazer considerações ingênuas a respeito do panorama de desenvolvimento das bibliotecas escolares na Colômbia. Como disse Castán, o melhor é

> [...] construir – onde seja possível, onde haja professores, bibliotecários, pais e mães comprometidos – verdadeiras bibliotecas escolares que possam servir de modelo, porque

podem mostrar conquistas que interessem e, por esta razão, comprometam a comunidade escolar.

Essa ação de transformação local, de mudança daquilo que está ao alcance imediato – a vida cotidiana da escola na sala de aula e na biblioteca – deveria corresponder a uma ação política que, parodiando a ideia de Castán, possa construir – quando e com quem se possa, onde haja pessoas com consciência da ação e do valor da ação política – políticas educacionais bibliotecárias que eximam a biblioteca escolar do jugo do modelo legitimista e mecânico de que padece. Esse é um bom ideário de ação política a todos os que trabalham para fazer da escola um espaço de vida e não de negação.

A necessidade da literatura[1]

[1] Texto apresentado na Festa Literária Internacional de Paraty, em julho de 2012.
Tradução de Jéssica Tolentino.

I. O PAPEL DA BIBLIOTECA NA ESCOLA

Quero falar, nesta ocasião, da necessidade da literatura e do papel que a biblioteca na escola pode desempenhar neste reconhecimento.

Mas, antes, tenho que destacar a importância do Movimento por um Brasil Literário. Recentemente, em uma homenagem a Bartolomeu Campos de Queirós na Feira do Livro de Bogotá, propus que seu Manifesto fosse assinado pelos países latino-americanos membros do Cerlalc[2]. E o fiz com a plena convicção de que é uma ação necessária, se entendemos que muitas coisas devem mudar em nossos países e que a formação literária de nossas crianças e jovens é uma formação humana, ética, política e cidadã.

2 Centro Regional para o Fomento do Livro na América Latina e Caribe.

Em outras oportunidades, falei no Brasil sobre a biblioteca na escola, especialmente de um modelo de biblioteca que a legitima como mecanismo de acesso à informação e, portanto, a um suposto conhecimento, e também como espaço para a leitura lúdica e recreativa, em um trabalho que geralmente está dissociado da sala de aula.

Agora, gostaria de me referir à necessidade de a escola garantir às crianças acesso à literatura, à literatura de qualidade, e ao papel que a biblioteca na escola pode desempenhar nesse propósito. Gostaria, ainda, de fazer uma pergunta que não sei se faz justiça à escola, mas que é uma preocupação de muitos de nós: o atual modelo educacional excluiu a literatura, não apenas como experiência estética, mas também como objeto de estudo?

Com as minhas palavras, quero homenagear duas pessoas que foram pioneiras na reflexão em torno da leitura, e especialmente da leitura literária: o brasileiro Bartolomeu Campos de Queirós e a argentina Graciela Montes.

Da minha parte, acredito que a educação atual em nossos países – e temo que nisso também se manifeste a globalização – tornou supérflua a presença da literatura como possibilidade da busca por sentido e como forma de conhecimento existencial. E mesmo o ensino da literatura como objeto de análise e como fato histórico passou a ocupar lugares secundários, deixando os primeiros postos aos saberes com mais prestígio no mundo contemporâneo.

O modelo educacional é pragmático e utilitário, prepara para a competitividade e oferece o êxito como meta. Um êxito baseado na acumulação de bens materiais e em dar as costas para aqueles que não conseguem fazê-lo, que são a maioria. É um modelo – é preciso dizer – imposto de fora por interesses de alguns poucos que nada têm a ver com a formação de seres humanos comprometidos com os conhecimentos e com a capacidade de pensar, necessários para renovar e transformar o mundo.

Esse modelo privilegia um suposto conhecimento pragmático e utilitário que se reduz a uma acumulação de informações. Informações que, segundo esse mesmo modelo, caducam, uma vez que aqueles que nele se formam são obrigados a uma permanente atualização, chamada de "reciclagem", que não seria negativa, se reconhecesse e partisse de aprendizados anteriores e não os condenasse ao esquecimento.

Esse conhecimento proposto por essa escola nada tem a ver com o conhecimento real do mundo e de si mesmo, com uma interrogação sobre o sentido da vida, do mundo e do papel de cada um de nós em sua construção.

Esse modelo não estimula a reflexão, a introspecção, o diálogo interior, a contemplação. Tudo o que não pode ser medido com uma cifra está fora de suas preocupações.

Supostamente, tem como propósito a formação da autonomia e da subjetividade; no entanto, essa formação não é realizada com base no reconhecimento do outro ou na responsabilidade que se tem em relação a ele. Ao contrário, é construído por meio da competição e da formação de seres individualistas e egoístas.

Esse modelo privilegia a rapidez e a novidade, condecora a velocidade. Nega a memória como patrimônio que pertence a todos nós e que se forma pela acumulação.

Valoriza de maneira equivocada o local e o territorial como forma de fazer frente ao global, na medida em que não incentiva o intercâmbio de saberes; da mesma forma que reconhece o multiculturalismo como resposta às *políticas identitárias* e não como um reconhecimento saudável e necessário da diferença, sem estimular o diálogo entre grupos e culturas. Promove uma falsa valorização das culturas populares, étnicas e jovens, negando-lhes condições e valores universais.

Finalmente, com esse modelo, perdeu-se o valor da palavra, tanto a oral como a escrita. Em um confronto entre imagem e palavra, o único que se perde é a palavra e a possibilidade de crianças e jovens se apropriarem dela.

Tudo isso não pode ser generalizado, há exceções, especialmente quando professores e bibliotecários têm consciência dessa realidade e fazem algo para transformá-la.

A escola também não pode ser responsabilizada por esse modelo, uma vez que é a sociedade que determina seus objetivos; sociedade compreendida como nação, mas também a sociedade de um mundo globalizado, cujos objetivos são cada vez mais homogêneos.

Minha defesa é de que a biblioteca na escola poderia contribuir para a transformação desse modelo, dando à leitura e à escrita uma dimensão que permita a reflexão, o diálogo e o pensamento. E, ainda, permitir maior presença da literatura na escola, abrir espaços para ela e promover com os professores um trabalho de leitura e discussão de textos literários de qualidade, em que os clássicos ganham um lugar especial. Um livro de Ana Maria Machado sobre os clássicos oferece excelentes argumentos a favor dessa proposta.[3]

---

3 MACHADO, Ana Maria. *Como e por que ler os clássicos universais desde cedo*. Rio de Janeiro: Objetiva, 2002.

II. POR QUE A LITERATURA

Acredito que não seja necessário, nesta mesa, apresentar mais evidências além das que já são conhecidas por todos sobre a necessidade da literatura. Somente, e em homenagem a Bartolomeu, gostaria de lembrar algumas de suas palavras:

[...] Compreendendo a literatura como capaz de abrir um diálogo subjetivo entre o leitor e a obra, entre o vivido e o sonhado, entre o conhecido e o ainda por conhecer; considerando que este diálogo das diferenças, inerente à literatura, nos confirma como redes de relações; reconhecendo que a maleabilidade do pensamento concorre para a construção de novos desafios para a sociedade; afirmando que a literatura, pela sua configuração, acolhe a todos e concorre para o exercício de um pensamento crítico, ágil e inventivo; compreendendo que a metáfora literária abriga as experiências do leitor e não ignora suas singularidades.

Por tudo isso, Bartolomeu afirma que a leitura literária é um direito de todos que ainda não fora escrito. Um direito que outro grande brasileiro também reivindicou: Antonio Candido.[4]

---

4 A autora refere-se ao artigo *O direito à literatura*, de Antonio Candido. (N.T.)

Ordenação do caos, forma de conhecimento existencial e humano, reconhecimento do outro, estímulo à reflexão, possibilidade de distanciar-se do mundo, de encontrar uma posição, como disse Sartre, entre "um universalismo dogmático e um relativismo pragmático", maneira de tomar para si uma das heranças mais importantes da humanidade e de se conectar a ela, dotar de palavras o silêncio e a angústia de crianças e jovens. A literatura nos oferece tudo isso e muito mais: um prazer que deriva de tudo isso. Não é o prazer inconsequente proposto quando a literatura é oferecida como forma de diversão, recreação e esquecimento; como mercadoria e bem de consumo.

Por essas razões, a escola deveria ser "a grande ocasião", como disse Graciela Montes.[5] Para tanto, segundo a autora, a escola deve "garantir um espaço e um tempo, textos, mediações, condições, desafios e companhia para que o leitor se instale em sua posição de leitor [...]" (p. 4), que é "uma postura única, inconfundível, que pressupõe certo recolhimento e distanciamento, um *colocar-se* à margem para, a partir daí, produzir observação,

---

5 MONTES, Graciela. *La gran ocasión*. La escuela como sociedad de lectura. Buenos Aires, Ministerio de Educación, Ciencia y Tecnología de la Nación. Disponível em: http://www.bnm.me.gov.ar/giga1/documentos/EL002208.pdf. Acesso em: 13 ago. 2024.

consciência, viagem, pergunta, sentido, crítica, pensamento" (p. 3). A escola deve

> incentivar [a] audácia [de crianças e jovens], acompanhar suas hesitações, contribuir para sua poética, fortalecer sua qualidade de sujeitos de uma experiência, ajudá-los a ampliar essa experiência, a dar ouvidos às narrações, às intervenções e aos registros, facilitar sua entrada no tecido cultural e oferecer-lhes possibilidades de se entrelaçar em sua trama [...]. (p. 6)

Eu acredito nisso e penso que uma maneira de alcançar esse ideal é por meio da biblioteca na escola, chamada a realizar um trabalho conjunto com a sala de aula e com todos os professores. E o bibliotecário, como leitor convencido da necessidade de literatura, é chamado a convocar professores e diretores para esse propósito – isso, se não quisermos que a maioria de nossas crianças seja excluída do direito à literatura. E à melhor literatura.

Biblioteca, escola e leitura[1]

---

[1] Palestra apresentada no Primeiro Congresso Internacional de Livros e Leitura, Quito, 2003.
Tradução de Raquel Fernandes Lopes.

Em primeiro lugar, gostaria de mostrar como a biblioteca na escola é para alguns um lema, para outros um sonho inatingível e, para a maioria, algo necessário, embora não se saiba claramente para quê. Para isso, partirei de alguns discursos políticos, administrativos e acadêmicos.

Logo, buscarei comprovar, a partir das reflexões de alguns teóricos sobre a pedagogia e a didática da leitura, que a ausência de bibliotecas nas escolas dificulta em grande medida a formação de leitores. Ou, pelo menos, para não ser extremista – e não aderir, eu também, às palavras de ordem –, que a biblioteca na escola poderia ajudar a resolver muitos dos problemas que surgem no ensino da leitura e da escrita.

I. O QUE É A BIBLIOTECA NA ESCOLA PARA OS BIBLIOTECÁRIOS?

"A biblioteca deve ser o coração da escola" – declarava o bibliotecário espanhol Kepa Osoro Iturbe em um recente Congresso de Leitura em Bogotá. E prosseguia:

[é] o eixo no qual gira todo o desenvolvimento curricular, o motor da mudança e da melhoria, em primeiro lugar, do sistema educacional e, mais tarde, como consequência, da rede social em todos os aspectos culturais, éticos e estéticos.

Em seguida, esse mesmo bibliotecário afirmava que:

a biblioteca pode ser a terra fértil sobre a qual a floresta mais exuberante brotará se for irrigada por professores, pais, alunos e bibliotecários dispostos a realizar uma revolução consensual e tolerante, realista, mas corajosa, [na qual] se empreguem fertilizantes ecológicos e vanguardistas.

Ele também salienta que a biblioteca na escola é:

manancial eterno de informação, fonte inesgotável de conhecimento, berço da fantasia, lar do poético, canto da palavra, amizade, liberdade e sonhos.[2]

Cito essas afirmações porque reúnem de maneira exemplar o discurso que acompanha as aspirações dos bibliotecários que, frustrados pelo pouco interesse que a escola e, em geral, a Educação têm dado à biblioteca escolar, refugiam-se em uma fantasia.

No entanto, deve a Educação prestar atenção à biblioteca, se os argumentos com os quais a querem identificar, dentro do sistema educacional, forem dessa natureza?

Vejamos o que dizem abordagens um pouco mais ponderadas, pois aparentemente estão filtradas pela discussão e reflexão em grupo. O *Manifesto da Unesco* afirma que: "A biblioteca escolar fornece aos alunos as ferramentas que lhes permitirão aprender ao longo de suas vidas e desenvolver sua imaginação, possibilitando que eles se tornem cidadãos responsáveis." Isso significaria que a biblioteca na escola tem, por si só, uma responsabilidade

---

2 OSORO ITURBE, Kepa. *Por qué es prioritario crear buenas bibliotecas escolares*. In: CONGRESO NACIONAL DE LECTURA, 5., 2002, Bogotá. *Memorias*, Bogotá: Fundalectura, 2002. [Sem edição no Brasil]

que diz respeito a toda a sociedade, e que essa, por sua vez, tem deixado nas mãos da escola.

Todas essas palavras de ordem e declarações são propostas pelos bibliotecários quando se expressam com suas vozes isoladas ou quando se encontram na esperança de que os manifestos e declarações internacionais tenham mais êxito em dar estatuto de cidadania e uma identidade às bibliotecas nas escolas.

Por outro lado, na administração pública, começa a ser considerado necessário investir em bibliotecas nas escolas – sem muita clareza às vezes sobre por que ou para quê –, e é por isso que, seguindo as políticas do Banco Mundial e as pressões dos produtores de livros didáticos, vários países da região, incluindo a Colômbia, empreenderam programas para dotar as escolas de livros – que, em muitos casos, ainda são didáticos – que são armazenados em uma sala de aula chamada biblioteca escolar.

No entanto, existe uma grande preocupação de que essas "bibliotecas" não estejam sendo usadas nem pelos professores nem pelos alunos, reafirmando, assim, as dúvidas sobre sua necessidade, o que certamente levará, em breve, à conclusão de que essa é uma despesa desnecessária. E, especialmente agora, quando entra um concorrente dos materiais escritos na distribuição dos escassos recursos disponíveis: computadores e novas tecnologias que começam a ser concebidos como substitutos dos livros nas escolas.

Pareceria que todos os discursos sobre a importância da biblioteca na escola a localizam como acessório, mera palavra de ordem. Intui-se que seja necessária, mas não se sabe muito bem para quê. O que dizem educadores, professores, teóricos da educação, pesquisadores no campo da aprendizagem e ensino da leitura e da escrita, sobre tema que nos une?

Eles não dizem nada, absolutamente nada. Simples assim. Alguns, especialmente teóricos e pesquisadores, inclusive autores de literatura, insistem na necessidade de dispor de materiais escritos variados dentro da sala de aula, disponíveis para alunos e professores, que lhes permitam realizar uma prática de leitura o mais próximo possível à prática que se realiza na sociedade. Ou seja, variada, múltipla, com objetivos diversos, significativos. Mas poucos pensam que isso possa ser chamado de biblioteca na escola.

Por quê? Pela simples razão de que a biblioteca na escola quase nunca é apresentada como um recurso que tanto professores quanto alunos devem ter ao alcance de suas mãos para usar em momento oportuno, quando surge a necessidade de pesquisar dados, confirmar informações, verificar uma hipótese, refletir sobre uma questão atual, investigar a operação de um sistema ou dispositivo, surpreender-se com a beleza de um texto, discutir vários pontos de vista e, em tantas outras ocasiões, para fazer um uso real de um texto, como bem coloca Delia Lerner em seu livro *Ler e escrever na escola: o real, o possível e o necessário*.[3]

Contudo, o mais sério é que pouquíssimos entendam que isso é necessário. Essas necessidades não são consideradas simplesmente porque o professor ensina a ler sem ler, e ensina a ler sem livros. Vocês dirão que alunos e professores dispõem de livros didáticos e cartilhas escolares. Sim, isso é verdade, as crianças têm materiais didáticos que não se assemelham a livros e a outros materiais impressos que circulam na sociedade, e que garantem que elas aprendam que ler não é interessante e não tem nada a ver com a vida.

Felizmente, não é mais preciso dizer que os livros didáticos pouco ou nada contribuem para o objetivo de formar leitores, como a maioria dos especialistas afirma. No entanto, como seu uso ainda é indiscriminado na escola, gostaria de fazer um parêntese aqui para insistir que a presença do livro didático na sala de aula não garante o uso significativo da linguagem escrita, nem a

---

3 LERNER, Delia. *Ler e escrever na escola*: o real, o possível e o necessário. Porto Alegre: Artmed, 2002.

descoberta por parte da criança de que a leitura serve para algo. Os textos que em geral circulam na escola também não substituem a biblioteca escolar, ou seja, os vários materiais escritos, começando pelos livros, não importa quão grande e variada seja a quantidade disponibilizada pela escola.

Novamente, Delia Lerner, falando sobre a necessidade de introduzir diferentes formas de leitura em sala de aula, de acordo com vários propósitos, afirma sobre os livros didáticos: "quando o trabalho é feito com poucos livros que também pertencem ao gênero 'livro didático', dificulta-se ainda mais a possibilidade de que surjam diversas formas de leitura."

No entanto, não fazer uso do livro didático não significa, de forma alguma, retornar a uma maneira de ensinar em que o material é substituído pelo giz, pela lousa e pela palavra do professor, ou por livros e cadernos feitos artesanalmente pelas crianças e professores. Pelo contrário, significa que se devem introduzir todos os tipos de materiais escritos, livros reais, de vários temas, com diferentes tratamentos, que permitam dentro da sala de aula práticas de leitura e escrita mais semelhantes às realizadas fora da escola.

E é aqui que a biblioteca na escola pode encontrar seu significado e identidade.

As bibliotecas nas escolas, quando existem, continuam sendo depósitos de livros, em sua maioria textos, que dificilmente saem dos armários fechados para as salas de aula e muito menos para os lares. São lugares em que, no máximo uma vez por semana, as crianças vão em grupos para "aprender a usar os livros" e "aprender a usar as bibliotecas", não para realmente usá-las. Quando elas não existem dentro das escolas, os professores enviam os alunos para as bibliotecas públicas com a mesma missão, que pretendem realizar por meio de tarefas escolares que incentivam, unicamente, a cultura da cópia e da "colagem". Tarefas, na maioria dos casos, sem sentido, realizadas fora do contexto da sala de aula, em que as crianças aprendem apenas que a leitura e a escrita são algo que só farão para cumprir um compromisso escolar.

É por isso que, devido à invasão de bibliotecas públicas por crianças em idade escolar, se associa, de maneira irremediável, a biblioteca com a escola, provocando um efeito duplamente negativo. Por um lado, nega-se a possibilidade de que a biblioteca pública seja a forma de acesso a materiais escritos por toda a comunidade escolarizada e não escolarizada. Por outro lado, cria-se a ilusão de estar prestando um serviço para a Educação.

II. O QUE DEVERIA SER, ENTÃO, A BIBLIOTECA NA ESCOLA?

A biblioteca na escola não deveria ser um espaço, nem uma coleção de livros, ou pelo menos nenhum dos dois isolados. Deveria ser um sistema, um mecanismo ou, se for o caso, um serviço, que permita que os livros sejam encontrados onde são necessários: na sala de aula e em outros espaços da escola, e no momento em que forem necessários, para que, com um uso permanente e oportuno, permitam às crianças descobrir o valor que os vários materiais escritos podem ter em suas vidas e os diferentes usos que podem fazer deles. Ao mesmo tempo, a escola deve dispor de um espaço para todos os tipos de práticas de leitura, associadas ao cumprimento dos objetivos escolares, mas também para leitura espontânea e voluntária.

Assim como a linguagem, que não pode ser aprendida primeiro e depois os seus usos, pois usando a linguagem é que se aprende a língua, também não se pode aprender o que é um livro e o que é uma biblioteca senão pelo uso significativo de ambos.

São necessários livros nas escolas, livros diversos de boa qualidade e não necessariamente de fácil compreensão; livros que constituam desafios para a inteligência das crianças e lhes permitam crescer; livros escolhidos por professores e bibliotecários de maneira consciente e com critérios nos quais a qualidade prevaleça; bibliotecas que permitam aos alunos que não disponham de livros em suas casas e, portanto, impossibilitados de acessar a cultura escrita, que os tenham na escola.

No entanto, a realidade atual é que existem tão poucas bibliotecas nas escolas na educação pública, que se poderia dizer que apenas as escolas particulares – escolas que atendem a crianças que de qualquer maneira têm acesso garantido à cultura escrita, "herdados como se herdam os patrimônios familiares", segundo as palavras de Delia Lerner – dispõem de bibliotecas.

Por fim, acho necessário fazer referência à maneira como os livros são adquiridos atualmente nas escolas. Há alguns anos os Ministérios da Educação e as Secretarias de Educação costumam adquirir livros, muitos deles didáticos, que são distribuídos às escolas, decidindo a seleção de maneira centralizada. De um tempo para cá, é cada vez mais comum que as escolas passem a ter autonomia para selecionar os livros que serão adquiridos. No entanto, é uma autonomia presumida, pois o conhecimento que os professores têm sobre a oferta editorial é repassado diretamente pelos editores. Esse fenômeno da pressão editorial sobre as compras nas escolas é tão comum que até o *Manifesto da Unesco* se refere a esse fato:

Um dos pontos sobre a *Missão das Bibliotecas* diz: "O acesso aos serviços e às coleções deve ser inspirado na Declaração Universal dos Direitos Humanos das Nações Unidas, e não pode estar sujeito a nenhuma forma de censura ideológica, política ou religiosa, nem a **pressões comerciais".** (o grifo é meu).

Pelo que foi dito, dedico a segunda parte da minha apresentação a expor algumas considerações sobre a avaliação e a seleção de livros para bibliotecas nas escolas.

A primeira abordagem que quero trazer aqui é que o assunto de materiais impressos, incluindo livros didáticos, também é tratado de maneira muito tangencial na literatura pedagógica. Se for feito um percurso pelas pesquisas que possam ter relação com o assunto, se verá que é muito baixo o número de estudos e pesquisas que fazem referência ao tema dos materiais escritos disponibilizados para crianças e professores nas escolas. Não quero ignorar aqui as contribuições de alguns profissionais que mencionaram o assunto, mas que acabam por constituir vozes isoladas.

A impressão é de que é uma questão resolvida, que todos sabemos como lidar com isso e que, ao pensar nos materiais da sala de aula, a tradição já estabeleceu um único tipo de material, o livro didático, e que a única coisa que pode gerar questionamento é qual será escolhido, levando em consideração a oferta aparentemente diversificada do mercado. Mais recentemente, pensa-se na literatura infantil e juvenil como um material que poderia facilitar a tarefa de formar leitores.

É por isso que minha proposta é que se incorpore de maneira mais sistemática nos temas a serem abordados, tanto no contexto das escolas de formação de professores, quanto nas discussões que ocorrem dentro das instituições, o material impresso, a qualidade, a importância de sua diversificação, a necessidade e a relevância para os diferentes projetos educacionais, bem como tudo o que se relaciona com os processos e mecanismos de avaliação, seleção e compra deles.

E para a discussão deste tópico, permito-me propor alguns pontos:

1. A necessidade de uma política
As escolas precisam de políticas de avaliação e de seleção de materiais impressos de acordo com seus planos e projetos e com a ênfase que desejam dar a esses planos. Somente uma política nesse sentido permitiria realizar os processos de avaliação, seleção e uso a partir de uma reflexão que inclua esses materiais na concepção que se tenha do ato educativo e os integre de forma coerente

com os planos e projetos da instituição, impedindo que esses processos sejam operados com improviso.

As políticas devem ser formuladas a partir de discussões, que devem ser compartilhadas por todos os agentes da comunidade educacional, reunidos tanto de maneira ampla, quanto por grupos de áreas específicas.

O processo de **avaliação** é aquele que permite, com base em uma amostra mais ou menos completa e significativa da oferta do mercado editorial e, porventura, pré-selecionada, estabelecer a qualidade dos materiais. Para isso, é preciso contar, por um lado, com critérios desenvolvidos por meio de uma formação básica nesses aspectos, e por outro, para o manuseio de muitos e diversos materiais.

Seleção é o processo pelo qual os materiais avaliados anteriormente são escolhidos. A seleção envolve fatores externos ao texto escolhido, como a relevância para os processos de ensino que a instituição realiza e a variedade de materiais que devem caracterizar a coleção da biblioteca na escola.

Na formulação de uma política de avaliação e seleção, alguns princípios e critérios gerais devem ser considerados; me ocorrem pelo menos quatro: diversidade, adequação, qualidade e relevância dos materiais. Diversidade que permita diferentes práticas de leitura e de escrita para diversos fins; adequação, isto é, que os materiais respondam às necessidades dos projetos educacionais; qualidade, considerando que nem toda a oferta do mercado reúne os méritos para torná-la credora de investimento de dinheiro público; e relevância, ou seja, sua condição de gerar experiências de leitura transformadoras.

Tanto para formular a política quanto para realizar os processos de avaliação e de seleção, as escolas necessitam de, no mínimo, duas condições: primeiro, terem, se não dentro da escola, pelo menos em alguns espaços acessíveis aos professores, amostras representativas e pré-selecionadas dos materiais que podem estar sujeitos à aquisição; e segundo, terem tempo para examinar, individualmente e em grupo, os diferentes materiais a serem avaliados.

2. As concepções pedagógicas

As concepções pedagógicas condicionam a seleção de materiais. Vou me referir àquelas que no meu conceito estão atualmente influenciando esse processo de maneira mais séria. Com um discurso aparentemente muito progressista, a escola está sendo questionada, sendo chamada de livresca; diz-se que ela gira em torno do texto escrito e ignora outras linguagens e novas tecnologias. É verdade que a escola concentrou suas práticas em um livro que não é sinônimo de cultura escrita: o livro didático. Também é verdade que a escola deve permitir que meninos e meninas tenham acesso a todas as possibilidades de expressão que temos como seres humanos, e que fechar as portas para novas tecnologias poderia significar uma nova forma de exclusão para quem só tem a possibilidade de conhecê-las na escola. No entanto, também é verdade que isso não deveria resultar em uma desvalorização da palavra oral e escrita, pois é o que acontece quando ela é colocada em igualdade de condições com outras mídias ou quando se privilegiam esses outros meios e gradualmente relegam-se os livros e os materiais escritos ao segundo plano.

Parece-me importante me deter nesse ponto, pois esse não é um fenômeno exclusivo da escola: a sociedade contemporânea vem desacreditando a palavra em favor da imagem e, com isso, o pensamento, o pensamento crítico, o pensamento que permite criar e conceber alternativas e novas possibilidades de ser e de estar no mundo. A propósito dessa comparação entre palavra e imagem, William Ospina, em sua palestra no 27º Congresso do IBBY[4], declarou: "Os livros [...] fazem maiores exigências à nossa imaginação e por isso nos exigem ser também criadores, pôr em jogo nossa memória e o nosso próprio ritmo

---

4 O 27º Congresso Mundial do IBBY (International Board on Books for Young People) foi realizado em setembro de 2000, na cidade de Cartagena de Indias, Colômbia.

pessoal".[5] E, com outras palavras, a escritora Katherine Paterson, vencedora do prêmio Hans Christian Andersen, disse algo semelhante no mesmo evento:

> A sabedoria não vem em bits de sons ou bytes de computador. A sabedoria vem devagar e com calma. Exige tempo, atenção, contemplação, silêncio. Muitos adultos podem dar e darão às crianças barulho, ação e emoções indiretas do entretenimento multimídia. A literatura exige que os leitores deem algo de si mesmos: sua capacidade, inteligência, imaginação, suas experiências humanas e emoções mais profundas.[6]

O que foi exposto leva-me a outras concepções sobre Educação, também recentes, que enfatizam quase exclusivamente as qualidades da linguagem que apenas permitem a comunicação: desenvolver as habilidades comunicativas nos alunos parece ser o objetivo fundamental da área relacionada à linguagem. Isso faz parte da ideia de que tudo o que se aprende deve ter caráter utilitarista e ser eficaz e eficiente, conceitos de uma Edu-

---

5 OSPINA, William. *El placer que no tiene fin*. In: CONGRESO DE IBBY, 27., Bogotá, 2001. Bogotá: Fundalectura, 2001.

6 PATERSON, Katherine. *Encuentro de dos mundos*. In: CONGRESO DE IBBY, 27., Bogotá, 2001. Bogotá: Fundalectura, 2001.

cação fruto de posições ideológicas que apenas buscam a formação de cidadãos produtivos nos mesmos termos suscitados pela economia do livre mercado.

As possibilidades simbólicas da linguagem, tanto oral quanto escrita, sua relação com a imaginação, sua capacidade de formar pensamento crítico, passam para um segundo nível de prioridades. A função simbólica está associada ao uso do tempo livre, entendido como tempo supérfluo, para recreação, diversão e descanso.

Isso, em minha opinião, traz consequências nefastas para a formação de meninos e meninas, porque é precisamente a capacidade que nós, seres humanos, temos de representar o universo e de nos representar a nós mesmos de maneira simbólica que nos permite crescer como seres humanos, nos relacionar com outros tempos e outras culturas. Por outro lado,

> é a função estética que dá validade à ética e que permite, sem manipular a sensibilidade do aluno, a construção do conhecimento, a reflexão e o questionamento dos valores sociais e ideológicos. É também a função estética inerente à verdadeira obra literária que permite falar de verdade sem dogmas. A função estética da literatura não é algo acessório, é fundamental, é o que permite ampliar o conhecimento crítico do mundo e de si mesmo, e seu resgate deve cons-

tituir um dos objetivos prioritários da escola, não apenas em seu papel de formadora de leitores e escritores, mas de formadora de homens e mulheres livres e conscientes.[7]

No momento atual também ocorre, possivelmente derivado do que foi exposto, o que chamo de *facilismo*: escolher livros fáceis, sem nenhum grau de dificuldade, que não apresentam desafios à inteligência das crianças, muito menos dos professores, a ponto de tal tendência condicionar a própria produção desses livros, que alimentam, por sua vez, essas práticas.

Vale a pena recordar as sábias palavras de um grande professor, Estanislao Zuleta, que em seu *Elogio a la dificultad* disse:

> É preciso colocar um grande ponto de interrogação no valor do fácil; não apenas em suas consequências, mas sobre a própria coisa, na predileção por tudo aquilo que não exige de nós nenhuma superação, nem nos coloca em questão, nem nos obriga a desdobrar nossas possibilidades.[8]

---

7 CASTRILLÓN, Silvia. Presencia de la literatura en la escuela. *Hojas de Lectura*, Bogotá, n. 50, jan.-mar., 1998. [Sem edição no Brasil.]

8 ZULETA, Estanislao. Elogio de la dificultad. *In: Elogio de la dificultad y otros ensayos*. Bogotá: Planeta. [Sem edição no Brasil.]

3. A escrita

Um artigo apresentado por Emilia Ferreiro no México, em 2001, tem como título a constatação de uma concepção de escola que colocou em segundo plano o ensino da escrita: *Sobre as não previstas, porém lamentáveis, consequências de pensar apenas na leitura e esquecer a escrita quando se pretende formar o leitor*[9]. Sua tese é que não há dicotomia entre leitura e escrita e que, quando manipulamos textos, passamos permanentemente, e às vezes de modo inconsciente, da atividade de ler para escrever e vice-versa. Quando lemos, escrevemos; e quando escrevemos, lemos (Ferreiro, 2001).

Por sua vez, o historiador da leitura Armando Petrucci[10] acredita que esse "esquecimento" da escrita se deve a razões de caráter ideológico, dado o poder que o acesso à cultura escrita concede às pessoas, e acima de tudo, a capacidade de escrever. Esse historiador afirma que a leitura, antes da televisão, era a maneira privilegiada de transmitir valores e ideologias,

---

9 FERREIRO, Emilia. Acerca de las no previstas pero lamentables consecuencias de pensar sólo en la lectura y olvidar la escritura cuando se pretende formar un lector. *Lecturas sobre Lecturas*, México, n. 3, 2002.

10 PETRUCCI, Armando. Leer por leer: un porvenir para la lectura. In: CAVALLO, Guglielmo; CHARTIER, Roger. *Historia de la lectura en el mundo occidental*. Madrid: Taurus, 2001. [Sem edição no Brasil.]

devido à facilidade com que se pode controlar sua circulação, enquanto a escrita se constitui como uma capacidade individual e totalmente livre, difícil de controlar e de censurar.

Na escola atual, persiste uma tendência a favorecer a leitura em vez da escrita, entre outras coisas, porque nós mesmos, como educadores, fazemos pouco uso desse meio de expressão.

4. A avaliação na Educação

Vou encerrar minha exposição com esse ponto que me parece culminante no momento atual.

Enquanto escrevia este texto, foi publicada a coluna de Francisco Cajiao no *El Tiempo* (terça-feira, 9 de março de 2004). Ele afirma que

> a tendência de projetar modelos educacionais baseados em processos tecnocráticos que tentam minimizar o papel dos professores é perversa [e que] é impossível pensar que um grande aparato de padrões, normas e avaliações conseguirá, por si só, uma melhoria efetiva da qualidade da Educação [se aceitarmos que o] fundamental do processo educacional ao longo da história humana [...] foi incorporar as novas gerações à cultura do grupo, pois disso depende a possibilidade

de se sentir parte de uma comunidade e se sentir reconhecido por ela.[11]

O desejo exacerbado da avaliação como início e fim da Educação não nos afeta exclusivamente.

Fernando Reimers, citado por Luis Moll, quando fala sobre a possibilidade de processos muito inovadores em escolas bilíngues nos Estados Unidos, diz que tudo é possível, porém "[…] o mais difícil será superar a cultura generalizada que vê as escolas como burocracias e supõe que os processos de melhoria educacional resultem automaticamente da definição e mensuração dos resultados".[12]

A formação de leitores e escritores é afetada de várias maneiras por essas medições reducionistas. Gostaria de destacar o fato de que já se produzem livros didáticos especialmente desenvolvidos para satisfazer às necessidades de avaliação, condicionados a essa exigência. E isso não acontece exclusivamente com livros didáticos,

---

11 Disponível em: https://www.eltiempo.com/archivo/documento/MAM-1537208.

12 REIMERS, F. *Promoviendo el diálogo público para mejorar las escuelas que asisten los hijos de los pobres*. Presentación en el diplomado de Evaluación de la Calidad de la Educación, Ciudad de México, Secretaría de Educación Pública, 28 de agosto, 2002.

também ocorre com livros de literatura, aos quais são adicionados instrumentos e instruções para torná-los operacionais.

Por outro lado, com tanto desejo pela medição, pergunto-me, por que não se aplicam padrões mínimos a materiais que podem ser objeto de compras para o setor educacional? Talvez isso permita racionalizar um pouco as aquisições.

Penso que o único antídoto eficaz contra essas e outras concepções e práticas que impedem que nas escolas se abram processos verdadeiros de mudanças, que permitam o acesso real à cultura escrita, é uma boa formação do professor, seu comprometimento consigo mesmo e com seu trabalho. Nas mãos dele está tudo.

Da mediação da leitura ou como "ir além"[1]

[1] Texto elaborado para a Organização dos Estados Ibero-Americanos – OEI, em colaboração com Didier Álvarez Zapata. Publicado em MIRET, Inés; ARMENDANO, Cristina. *Cultura escrita* – Lectura y bibliotecas escolares. Madrid: OEI; Santillana, 2011. (Colección Metas Educativas 2021).
Tradução de Cleide Fernandes.

No marco da discussão sobre as relações entre a escola e a cultura escrita na sociedade moderna, este artigo explora a tese de que a mediação da leitura é essencialmente uma prática de intervenção social, afetada por determinantes éticos e políticos. Nessa perspectiva, afirma-se que a ação de mediação da leitura nas sociedades modernas (principalmente a realizada pelo professor e pelo bibliotecário escolar) responde a um projeto de ser humano e de ordem social que exige que se trabalhe para o alcance de "mínimos culturais", que apenas permitem tornar as pessoas socialmente funcionais e reduzem a ampla dimensão da cultura escrita ao uso instrumental da leitura e da escritura.

Este texto pressupõe, pelo contrário, a mediação de leitura como uma prática que deve sempre "ir além" e mostrar uma vontade clara de promover e expandir o acesso das pessoas à cultura escrita, ajudando-as a questionar as ordens simbólicas que limitam sua experiência consigo mesmas, com os outros e com o mundo. A humanização se torna o pano de fundo de uma mediação da leitura eticamente responsável, com um projeto social inclusivo, consciente e construtivo. Nesse sentido, o artigo enfatiza o trabalho do mediador da leitura e da escrita como prática de intervenção profundamente comprometida e sempre voltada a promover a vida social em três áreas críticas: pessoal, sociossubjetiva e cidadã.

Os autores agradecem especialmente ao professor Luiz Percival Leme Britto[2] pela leitura dos rascunhos deste texto e pelas sugestões. Suas ideias enriqueceram o conteúdo.

I. CULTURA, LEITURA E ESCRITA

Convém começar esclarecendo algo que é aparentemente óbvio, mas não necessariamente assumido em todas as suas profundas consequências: a prática da mediação da leitura acontece no campo da *cultura escrita*. Assim, falar

---

2 Luiz Percival Leme Britto trabalha com leitura e formação, é doutor em Letras, professor da Ufopa (Universidade Federal do Oeste do Pará), onde coordena o Grupo de Pesquisa, Estudos e Intervenção em Leitura, Escrita e Literatura na Escola – Lelit, autor de *Ao revés do avesso – Leitura e formação* (2015), publicado nesta Coleção Gato Letrado, e autor do posfácio desta obra.

em mediação da leitura é referir-se a processos complexos de intervenção que alguns sujeitos sociais realizam com outros nos domínios da cultura escrita.

Precisamente a esse respeito, deve-se afirmar que a cultura escrita é um produto histórico que expressa visões de mundo, ideais e valores em conflito, alguns dos quais dominantes, dependendo das reivindicações sociais que o sistema que os divulga e promove possui, embora esse sistema (por mais totalitário que seja) não anule completamente os "outros" valores que o contradizem em suas reivindicações hegemônicas.

De fato, sempre haverá lugar para a ação simbólica emancipatória das pessoas no mundo social, e é aí que faz sentido e se torna possível o trabalho educacional e político de professores, bibliotecários e outros agentes sociais no campo da cultura escrita. É isso que, em última instância, confere um profundo – mas insuficientemente refletido –– sentido pedagógico, ético e político à tarefa intelectual do mediador de leitura e que o convoca, à luz das propostas de Edward Said, a ser um sujeito

> [...] com um papel público específico na sociedade, que não pode ser reduzido simplesmente a um profissional sem rosto [...]. A questão central para mim, penso, é o fato de o intelectual ser um indivíduo dotado de uma vocação para

representar, dar corpo e articular uma mensagem, um ponto de vista, uma atitude, filosofia e opinião para (e também por) um público.[3]

Não se deve esquecer que a mediação de leitura, entendida como intervenção social, é realizada por diversos agentes que, como um todo, lidam com indicações ou com orientações que os comprometem com a tarefa de manter e reproduzir a ordem simbólica e as relações de poder que sustentam o mundo social. Diante disso, emerge a ampla dimensão humanizadora dos trabalhos ético, político e pedagógico do mediador de leitura, que o convocam a *colaborar* com as pessoas com o propósito de desvelar, compreender e humanizar as estruturas e relações que sustentam o mundo em que habitam.

A relação entre mediação de leitura e cultura escrita, longe de ser óbvia e irrelevante, é altamente significativa e útil ao abordar o problema da ação dos mediadores de leitura (principalmente professores e bibliotecários) no território da língua da cultura, pois ler e escrever, sendo consideradas práticas fundamentais da cultura escrita, são áreas de conflito, de lutas simbólicas e de jogos de domi-

---

3 SAID, Edward W. *Representações do intelectual* – As conferências Reith de 1993. São Paulo: Companhia das Letras, 2005.

nação e de resistência (segundo as abordagens de Paulo Freire); práticas sociais que seguem modelos, padrões históricos, protocolos de realização, mas também suscetíveis de transformação e de mudança (segundo Roger Chartier) e, portanto, constituem matéria de ação e de aprendizado.

É aqui que se deve notar o fato de que, para as sociedades contemporâneas, a cultura escrita, especificamente as práticas de ler e de escrever (mais a primeira que a segunda...), se torna funcional para as reivindicações de reprodução simbólica e de manutenção da ordem social.

De fato, o sistema precisa de pessoas que possam fazer uso *prático* da leitura e da escrita, difundidas e apropriadas rápida e facilmente como ferramentas para introjeção da ordem social e como estratégias de adequação às demandas trabalhistas. Mas o acesso real à cultura escrita vai além desses mínimos funcionais; deve superá-los amplamente e transformá-los em meios para ver criticamente a si mesmo, ao outro e ao mundo.

Essa é a raiz dos discursos *bem-intencionados*, *culturalizantes* e *civilizatórios* que difundem a ideia da leitura como uma questão ligada à promoção da convivência cidadã e ao desenvolvimento de habilidades para o trabalho e a reciclagem profissional: autoeducação, "educação para toda a vida", que, como alerta Emilia Ferreiro, nada mais é do que um eufemismo:

Sejamos claros: instabilidade no emprego, reformas de leis e regulamentos orientadas para a "flexibilidade do trabalho" estão por trás dessa expressão. A aprendizagem ao longo da vida é uma maneira elegante de dizer: as novas tecnologias introduziram mudanças em todas as esferas da vida profissional que só podemos antecipar, sem maior precisão, que as mudanças se seguirão. A educação, portanto, deve se encarregar de preparar indivíduos disponíveis para a mudança, porque os conhecimentos são perecíveis, têm data de validade, assim como uma mercadoria comprada no supermercado. Segundo alguns, os conhecimentos devem ser reciclados a cada quatro anos, tanto quanto os computadores; e como nós, humanos, não estamos equipados com uma tecla "delete", devemos treinar as habilidades de esquecimento (*forgetting habilities*).[4]

Existem também os lemas que promovem a leitura como passatempo, diversão e mero prazer, um placebo que ajuda a lidar com uma vida enfadonha e sem sentido.

A alfabetização praticada de acordo com esses ideais se converte em ação instrumental que diminui o profundo

---

4 FERREIRO, E. *La alfabetización en perspectiva*, conferência apresentada no 22º Congreso Mundial de Lectura de la International Reading Association. San José, Costa Rica: 28 a 31 de julho de 2008.

significado ético e político que há em ler e escrever, que permite que as pessoas reconheçam sua voz e construam sua presença, de acordo com as palavras de Graciela Montes, na "imensa tapeçaria que as sociedades tecem [quando] deixam um registro expresso dos universos de sentido que foram construindo ao longo do tempo e das circunstâncias".[5] Uma alfabetização instrumental que se afasta do ideal crítico que a afirma, segundo Henry Giroux ao comentar a obra de Paulo Freire, como "A capacidade de nomear a própria experiência [...] e começar a entender a natureza política dos limites e as possibilidades que compõem a sociedade como um todo."[6]

II. LEITURA E INFORMAÇÃO
No cenário apresentado, é especialmente importante ressaltar o problema das relações entre cultura escrita e informação. Duas áreas a partir das quais, tradicionalmente, foram estabelecidos limites entre a sala de aula e a biblioteca, entre professores e bibliotecários, e suas identidades e práticas disciplinares e profissionais foram configuradas.

---

5 MONTES, G. *La frontera indómita*. En torno a la construcción y defensa del espacio poético. México: Fondo de Cultura Económica, 1999.

6 GIROUX, H. *La alfabetización y la pedagogía de la habilitación política*. Barcelona: Paidós, 1989.

Nesse sentido, deve-se afirmar que na cena contemporânea as relações entre *leitura* e *informação* são apresentadas sob formas e dinâmicas inéditas, nas quais a informação é entendida e pretende ser estabelecida como o elemento central caracterizador da última conformação da sociedade capitalista, chamada por Castells de "sociedade da informação".[7] E a cultura escrita fica relegada a uma dimensão simbólica sacralizada, afastada do homem comum e destinada a uma elite capaz e digna de utilizá-la.

Devemos afirmar que tais visões dicotômicas da cultura escrita e da informação as afastam até serem antagonizadas. De fato, nessa suposta contraposição, outorga-se à informação uma importância restrita à sua utilidade prática, e a cultura escrita é reduzida à leitura de livros, desconhecendo-se o fato de que essa cultura não só se refere a eles ou neles se sustenta. De fato, por exemplo, as pesquisas em páginas da internet ou o uso de bases de dados eletrônicas também são práticas da cultura escrita, porém, mediadas por outras tecnologias distintas do livro.

Por outro lado, a cultura escrita costuma ser associada exclusivamente à leitura de literatura associada ao lazer, voltada para o prazer e o entretenimento, longe de grandes esforços reflexivos.

---

7 CASTELLS, Manuel. *A sociedade em rede*. Rio de Janeiro: Paz e Terra, 2016.

Nessa concepção, que divide a unidade da cultura escrita e da informação, a tarefa de iniciar as pessoas na ordem escrita é dada à escola (ao professor em sua sala de aula, com seu livro e seu quadro). E a informação fica restrita à biblioteca (ao território do bibliotecário, com suas coleções e seus dispositivos), tornando-se um ícone de poder e domínio ("quem tem informação tem poder...").

Assim, se esquece que a escola não possui o monopólio da integração das pessoas na cultura escrita, pois é apenas uma instituição com a tarefa – uma grande tarefa, de fato – de formalizar a aquisição da competência leitora. Também se ignora que a biblioteca não possui o domínio absoluto da informação, pois, pelo contrário, a maior parte da informação que se produz e circula na sociedade acontece por outros meios: alguns muito amplos, nos quais a informação que circula banaliza a experiência de si mesmo no mundo; e outros muito restritos, pelos quais são mantidas as ordens excludentes que protegem o uso do poder de certos grupos sociais.

Sem dúvida, separar essas duas dimensões culturais implica o risco muito sério de distanciar as intervenções que, complementarmente, professores e bibliotecários deveriam realizar na condição de mediadores da leitura. Isso pode levar à atomização da ação social e cultural da sala de aula e da biblioteca na escola.

Contra isso, devemos expor a unidade cognitiva e pragmática da cultura e da informação escritas. Certamente, se está claro que a informação é uma dimensão da cultura escrita, pode-se começar a quebrar as dicotomias estabelecidas na escola entre leitura útil e inútil e leitura recreativa e informativa, por exemplo. De fato, a leitura de informações não é acumular dados, números e assim por diante. Para lê-las, o leitor necessita de recursos culturais e cognitivos, históricos e políticos específicos que lhe permitam criticar essas informações, elaborá-las, manipulá-las e visualizá-las de fora, ou seja, "ir além delas".

É nesse contexto que se localiza a questão, absolutamente crítica, da mediação de leitura como uma prática destinada a oferecer e a promover condições dignas e dignificantes de leitura e a estimular no leitor o desejo de "ir além" em sua apropriação da cultura escrita, na compreensão do funcionamento do conhecimento e na geração de novas necessidades para compreender sua própria vida e o mundo, a partir de sua condição múltipla de *pessoa* (sujeito de si mesmo), de *sujeito social* (que vive com outros) e *cidadão* (sujeito do poder). Dessas perspectivas, uma estratégia clara poderia começar a ser construída contra essas terríveis *cegueiras do conhecimento*: o erro e a ilusão ou a tendência dos homens de elaborar "[...] falsas concepções de si mesmos, do que fazem, do que devem fazer, do mundo em que vivem", que Edgar Morin denuncia em *Sete conhecimentos necessários à educação do futuro*.[8]

III. SALA DE AULA E BIBLIOTECA

À luz do exposto, fica claro que a sala de aula e a biblioteca cumprem, dentro da escola, funções diferenciadas, mas, ao mesmo tempo, complementares, de *socialização*, pois ajudam a integrar as pessoas à cultura escrita, e de aprendizagem de capacidades básicas de uso da informação. No entanto, esse trabalho conjunto enfrenta grandes obstáculos no contexto das sociedades contemporâneas, o que leva a *socializações fracassadas na cultura escrita*, que, devido às suas próprias estruturas conceituais, metodológicas e ideológicas, não humanizam, mas alienam.

Deve-se esclarecer que a tarefa de socialização que a sala de aula e a biblioteca realizam se move entre duas construções simbólicas extremamente complexas e profundamente interdependentes: a cultura social e o currículo. Nesse horizonte, a tarefa de participar da integração das pessoas às ordens social, cultural e política dominantes lhes é proposta, o que sempre constitui um desafio,

---

8 MORIN, Edgar. *Sete saberes necessários à educação do futuro*. São Paulo: Cortez, 2011.

e é realizada a contrapelo de outras visões alternativas do mundo e da ordem social.

Esse é o paradoxo fundamental que integra, inevitavelmente, a ação cultural da sala de aula e da biblioteca: para cumprir sua tarefa de socializar as pessoas, a escola seleciona como conteúdo certos universos e estratégias culturais ordenados e legitimados de acordo com os interesses do sistema; mas isso, por sua vez, oferece às pessoas que vivem a ação da escola ferramentas para questionar, discordar e criticar a ordem difundida. Isso exige que professores e bibliotecários assumam uma atitude crítica em relação ao conteúdo, mídia e processos de mediação de leitura.

Para aliviar essa tensão, a sala de aula e a biblioteca precisam promover uma educação que abra decididamente as portas da escola a uma condição humana completa e não fragmentada; que possa, como proposto por Morin, "ensinar a identidade terrena, enfrentar incertezas, ensinar a entender e incentivar uma ética planetária".

Assim, é necessário afirmar a unidade integral da biblioteca e da sala de aula em uma ação educativa humanizadora, ou seja, comprometida com a constituição de estratégias de conhecimento elevado, integrador, metacognitivo e crítico nas pessoas. A biblioteca da escola deve ser um ambiente cultural e pedagógico complementar, mas diferente da sala de aula; uma instância que abre janelas para ver amplamente o mundo e a si mesmo, com base nas necessidades curriculares e em uma sólida prática pedagógica, catalisada pela ação do conhecimento biblioteconômico que a entenda e a respalde adequadamente, com serviços de informação e de formação na cultura escrita.

Nele, é claro, não cabe a imagem de uma sala de aula que encerra o aluno nos mínimos possíveis dos livros didáticos, exercendo assim uma *restrição informativa* claramente prejudicial; nem a de uma biblioteca na escola que joga o aluno no território selvagem da informação (que cresce exponencialmente), sem nenhuma rota, sem diário de bordo e sem intenção. O ponto de encontro é uma mediação curricular que dê sentido às dimensões educacionais da sala de aula e do professor e às ações culturais da biblioteca e do bibliotecário no âmbito da defesa e da ampliação, da inclusão e da promoção das pessoas como nativas da cultura escrita.

Nesse horizonte problemático, é necessário enfatizar que os bibliotecários e os professores precisam construir identidades diferenciadas. Se não se sabe quem é o bibliotecário e o que ele faz nas tarefas educacionais da escola, não se saberá para que serve e, portanto, ele não se fará necessário na ação educacional da própria sala de aula.

Se alguém também não sabe quem é o professor e o que faz no escopo da biblioteca, ele se torna um convidado de pedra diante da ação dela. Essas desconexões podem ser a razão pela qual o bibliotecário não se sente como interlocutor do professor em suas tarefas pedagógicas; nem o professor se aproxima do bibliotecário em suas tarefas bibliotecárias.

Nesse sentido, é necessário assegurar a biblioteca na escola como um elemento da escola que trabalha contra a exclusão das pessoas do campo da cultura escrita e a favor do acesso qualificado à informação. Propô-la como uma esfera de apropriação de todas as formas de cultura escrita na tarefa de educar o ser humano na tríplice condição humana de pessoa, sujeito social e cidadão reflexivo e autônomo, mas, ao mesmo tempo, eticamente responsável por si e pelo "outro".

IV. A MEDIAÇÃO DE LEITURA NA ESCOLA É "IR ALÉM"

O conceito de mediação de leitura na escola comporta, de fato, um território de grandes tensões que já foram descritas neste texto. Uma delas é a que existe entre a sala de aula e a biblioteca na escola. Diante disso, é possível afirmar, enfaticamente, que a sala de aula e a biblioteca estão no território comum da ação educativa da escola. Portanto, a biblioteca na escola deve "ir além" de suas fronteiras e declarar-se como uma área de potencialização do trabalho em sala de aula, desde que forneça seus recursos para leitura e informação com base nas demandas curriculares; mas também propor-se como um espaço de vinculação das pessoas ao universo social amplo e diversificado, e reduzir os riscos de ações *mesocurriculares* e *microcurriculares*[9] que não desejam ou não podem ver além dos padrões que empobrecem a integração das pessoas no mundo social.

De fato, o mundo social, a comunidade a que a escola serve deve se tornar uma presença curricular viva e enriquecedora nas mãos de uma biblioteca que oferece à sala de aula informações e possibilidades de leitura para introduzir a comunidade escolar na diversidade do mundo e do ser humano que o habita. Esse é o estranhamento permanente, a indagação de si mesmo que uma educação digna e dignificante deve gerar diante do outro e diante do mundo real. Essa é sua tarefa mais valiosa: confrontar o ser humano e movê-lo em sua necessidade de si e do mundo.

No horizonte desses encontros desejáveis e felizes entre a sala de aula e a biblioteca, do professor com o

---

9 Sem tradução exata no português do Brasil, o termo *mesocurriculares* se refere ao currículo global, amplo, enquanto *microcurriculares* trata de parte desse currículo.

bibliotecário, as dicotomias inúteis entre os territórios da cultura e da informação escrita podem e devem ser resolvidas. É também nesse contexto que devem ser consideradas as alternativas para uma prática de mediação vital e libertadora da escola; que devem ser questionadas as visões prejudiciais que atribuem à biblioteca na escola o dever mecânico de resolver tarefas absurdas com dados que não alimentam o conhecimento, e de oferecer, como prêmio de consolação, uma mediação da leitura reduzida a uma *animação da leitura* "leve" e secundária, cheia de jogos e de esquecimentos de si, desenhada para passar o tempo e amortecer as "amarguras" da lição de casa.

É nesse contexto, justamente, que se faz necessário rever outra tensão séria: aquela que sugere uma *mediação de leitura neutralizante*, que se fundamenta em uma visão equivocada da autonomia e de respeito pelo outro, que leva a abrir mão da intervenção, com o desejo de que a individualidade seja intocável, que a ação educacional deva apenas favorecer e fornecer as condições para o "livre desenvolvimento da personalidade" e que toda ação sobre o outro seja uma tentativa de submissão. Em tudo isso, é claro, sente-se a influência do neoliberalismo que não apenas molda os mercados, mas também delineia um ideal de homem preso em uma individualidade isolada e egoísta. A personalidade é entronizada em torre de marfim, em cuja defesa são banidas e interditadas todas as críticas à vida interior e às responsabilidades de "um" com "todos". Desse modo, também a dissolução do dever de promover a cidadania radical é patrocinada, o paradigma do liberalismo individualista é estabelecido como vencedor (com seu ícone brilhante: sucesso econômico) e os ideais vãos do egoísmo utilitário se espalham.

Assim, toda mediação de leitura deve ser assumida como uma intervenção irremediavelmente comprometida com o mundo do outro e com o mundo social. Mediar a leitura é uma prática dialógica que incorpora, de fato, a relação de pessoas que podem, por meio da ação comunicativa, conectar suas próprias visões de mundo, os universos simbólicos nos quais e dos quais coordenam sua ação com os outros e desdobram certos projetos; de indivíduos que buscam se entender e moldar sua própria identidade pessoal. Tudo isso significa que a mediação da leitura é, além de uma prática dialógica, uma prática histórica e autobiográfica.

V. MAIS QUE UMA MEDIAÇÃO

Nesse sentido, é até muito inquietante que seja chamada mediação de leitura uma prática tão profundamente determinada por diferentes abordagens, paradigmas e até ideologias. De fato, chamar *mediação* à intervenção no território da formação dos leitores e a promoção do direito de integrar e de viver na cultura escrita não deixa de parecer bastante reduzido, e até ingênuo.

Com isso, parece que são banidas outras ideias, outras concepções que nomeiam a intervenção leitora com convicções e compromissos éticos e políticos específicos e explícitos, como, por exemplo, a proposta de *alfabetização freiriana*, ou *educação popular*, *pedagogia social*, *animação sociocultural*, *filosofia prática* e *pedagogia ética*, todos esses campos que se dedicam à cultura escrita, buscando cumprir seus ideais de emancipação, promoção humana e crítica de ordens sociais desumanas.

Falar sobre *mediação de leitura* reivindica uma expressão *politicamente correta* que não convoca, com suficiente clareza e decisão ética e política, uma intervenção social voltada à plena integração e promoção do direito de viver e construir um lugar na palavra (sua escrita e sua leitura); isto é, de habitar significativamente o território da cultura escrita. Talvez essa seja a base ideológica de uma concepção ingênua de ação social ou, pior, de uma corrupção da tarefa da educação que faz concessões éticas, políticas e estéticas, e que renuncia, desse modo, ao seu compromisso com o ser humano que se busca.

Se o conceito de mediação de leitura for usado, deve--se fazê-lo com o aviso de que é antes de tudo uma *prá-

tica de intervenção na dimensão simbólica da cultura escrita, que implica pressupostos óbvios e consequências éticas, políticas e estéticas. Que deveria ser, como pode ser entendido a partir de uma ideia luminosa de Graciela Montes, "uma ação que parte do enigma e não do lema". Ou seja, algo que ajuda as pessoas a desconstruir, a entender e a transformar esse universo vasto, ambíguo, misterioso e sempre incógnito que é o mundo, o outro e o eu; possibilitar dúvida, enigma, desafio, dificuldade... Não preencher os silêncios para aqueles que pretendem incorporar a cultura escrita, não tornar "mais fácil" a árdua tarefa de responder ao que cada um é e deve fazer por sua vida.

Nesse sentido, a mediação como prática de humanização não se orienta para a conformação de indivíduos, mas para a lida com pessoas (como sujeitos de si mesmas) que se reconhecem nas esferas da subjetividade e da cidadania, graças ao fato de atuarem conscientemente nas relações de poder estabelecidas e reproduzidas na cultura escrita. É isto que a mediação da leitura deve fazer: ajudar as pessoas a desvendar o que a palavra contém, a "ir além" dela e a questionar as relações de poder que incorporam as práticas de escrever e ler.

Para isso, deve-se entender que a mediação da leitura começa no momento da seleção dos materiais de leitura. A seleção não é inofensiva ou neutra, depende em grande parte do que se busca na mediação como prática de humanização. Portanto, a seleção requer um bom conhecimento da oferta de materiais de leitura que, sem dúvida, e de forma cada vez mais dramática, é especialmente configurada de acordo com interesses comerciais, problema que impõe mais demandas à tarefa cultural do mediador.

De fato, a seleção é seguida pelo reconhecimento das condições da leitura, ou seja, daquilo que Aidan Chambers chama de *ambiente de leitura*[10], no qual não apenas a disponibilidade, a empatia e a capacidade do mediador de abrir o diálogo, de convocar a palavra e dar lugar ao silêncio são evidenciadas e postas em jogo, mas também seu contexto cultural, ético e político, bem como suas buscas estéticas e pedagógicas. Tudo isso para enfrentar o desafio de "ir além" e fazer uma intervenção que não seja de instrumentalização de pessoas ou de interferência abusiva em sua vida, que não viole, mas que faça exigências intelectuais com convicção e responsabilidade.

Não devemos esquecer que a mediação da leitura nada mais é do que a comunicação de mundos que se tocam e se afetam em busca de plenitude, de presenças que acompanham a tarefa perturbadora de ter lugar no

---

10 CHAMBERS, A. *El ambiente de la lectura*. México: Fondo de Cultura Económica, 2007.

mundo. A mediação da leitura é uma comunicação que recupera e restringe a própria voz do leitor com a voz de outras pessoas que lhe escrevem e lhe dizem do mundo. Uma ação que deve ser capaz de despertar e estimular o que a pedagogia freiriana chama de "curiosidade epistemológica", ou o desejo de conhecer para conhecer-se e desvendar o mundo em seu profundo mistério.

VI. ALGUMAS IDEIAS SOBRE MEDIAÇÃO DE LEITURA E BIBLIOTECA NA ESCOLA

É necessária uma biblioteca na escola afirmativa da cultura escrita, que esteja consciente de sua tarefa de formar os leitores, que se atreva a propor e a se aventurar, a criar possibilidades de leitura e de escrita. Uma biblioteca escolar que entenda que as pessoas sempre se organizam com as palavras às suas "coisas", considerando determinado domínio cultural, buscando solução para suas necessidades de identidade e presença. Uma biblioteca escolar que sirva para ver, para tornar-se evidente, usar, selecionar o que da realidade serve e o que não serve. Portanto, é necessário que a biblioteca da escola corra o risco de entrar no território das palavras e abandonar a ideia absurda de permanecer apenas na oferta padronizada e formal de informações, na imagem empoeirada do "templo do saber" ou de um parque de diversões.

Sem dúvida, as pessoas não veem utilidade em aceitar as propostas de leitura e de escrita que vêm de uma biblioteca escolar longe de suas vidas, longe de suas necessidades. Essa é a tensão insustentável: bibliotecas na escola silenciosas diante das palavras de crianças e de jovens pedindo que os vejam, que se abram amplamente às suas necessidades... Aqui está o desafio das bibliotecas diante das crianças em idade escolar: impactar suas vidas com a palavra, apresentá-las ao domínio de uma cultura escrita que se torne um ambiente favorável para atender às necessidades da vida; não é um território sombrio de negações e coerções, fortemente limitado pelos mitos e ritualizações do livro e pela leitura que o sustentam.

Para a biblioteca, humanizar com a leitura e a escrita não significa a aceitação de uma identidade abstrata do estudante, mas a necessidade de afirmar uma vida que deve ser aprendida para viver com dignidade, esperança e transcendência em meio a incerteza e contingência do mundo, entre outras maneiras, lendo e escrevendo. Humanizar a partir da biblioteca na escola, portanto, não promovendo uma integração anestesiada das pessoas na cultura escrita para combiná-las com gostos e desejos em um cânone imutável.

Por outro lado, tendo como pano de fundo o esquecimento de si mesmo, não há possibilidade de realizar um trabalho bibliotecário na escola que seja humanizador. De fato, uma questão problemática como a da subjetividade, na qual a biblioteca geralmente não intervém, é o que alguns chamam de "esquecimento de si mesmo" ou a tendência de se dissolver na maré social e no mundo que, com entusiasmo, oculta nossa própria identidade de Ser. Um trabalho do bibliotecário comprometido, ética e politicamente responsável, ativa a capacidade das pessoas de se inserir, de se questionar, de revisar a percepção das estruturas abrangentes que cada um de nós tem do mundo e das quais elas são alienadas, limitando-as em seu ser.

Conclui-se que a prática do bibliotecário na escola como mediador de leitura com crianças e jovens não é uma ação à margem de sua vida íntima, mas uma ação premeditadamente direcionada a intervir. Isso exige que ele seja crítico em relação às ideias que consideram que o leitor deve sempre viver em silêncio ou, pior ainda, no meio de uma confusão constante de palavras barulhentas e atividades vazias. Nesse horizonte, o trabalho de mediação de leitura da biblioteca na escola torna-se uma intervenção de provocação e de estímulo à própria expressão, que, no entanto, não deve ser programada nem absorvida pela rotina, sob nenhuma forma de controle ou reduzida a uma atuação individualista e egoísta.

Nesse sentido, a mediação da leitura na biblioteca na escola deve promover a leitura e a escrita como dimensões constitutivas do público. Ou seja, a biblioteca deve vincular compromissos e esforços pessoais e institucionais voltados para o desenvolvimento de uma democracia radical, exercida por homens e mulheres com um profundo senso de Ser, uma vez que a cidadania requer que as pessoas estejam a caminho de si mesmas: isso deve começar pela presença de pessoas na escola.

Tudo isso deve ser entendido para que os bibliotecários não sejam capacitados para reproduzir as ordens desumanizantes que hoje governam o mundo, nas mãos de projetos óbvios de normalização da vida econômica, mas, acima de tudo, devem se voltar à formação da ação pessoal, à ação política, à promoção da pluralidade de visões e de interesses na comunidade local, isto é, à radicalização da democracia.

Em conclusão, a ação da biblioteca na escola no campo da cultura escrita deve vincular todas as crianças em idade escolar (e especialmente os jovens) à tarefa superior de lutar para alcançar a maioridade, tornar-se sujeitos, e não objetos, do mundo ou da sociedade, em função do que algumas pessoas chamam de verdadeira "educação geral". Obviamente, isso requer ação cultural e educacional determinada e informada que esteja fora (ou, pelo menos, em atitude crítica) de suas práticas tradicionais. Uma ação esperançada e esperançosa do humano.

Finalmente, e à luz do exposto, poderia ser iniciado um ideário muito breve da formação do mediador de leitura, na perspectiva de seu trabalho no ambiente escolar. O mediador da leitura deve ser capaz de:

1. Contribuir, em geral, para a transformação das pedagogias da leitura e, em particular, das práticas pedagógicas e bibliotecárias de leitura e de escrita realizadas na escola. Nisso, ele deve reiterar a unidade indissolúvel da cultura e da informação escritas como uma dimensão cultural fundamental da sociedade contemporânea.
2. Trabalhar pela humanização total dos leitores em suas múltiplas condições de pessoas, sujeitos sociais e cidadãos.
3. Ajudar a formar os leitores no conhecimento libertador, o que exige que o próprio mediador tenha um relacionamento com o conhecimento que o torne consciente das relações e dos mecanismos de poder que o controlam.
4. Contribuir para a formação dos leitores para a vida em democracia e para a participação em assuntos públicos. O mediador deve ajudar a promover um

senso digno da condição humana com base na ação ética responsável, na participação propositiva e na presença afirmativa das pessoas diante de si e do "outro".

5. Reivindicar a dimensão estética da formação em leitura. Para isso, deve ser capaz de motivar os leitores para o conhecimento e para a fruição da literatura, o que só é possível a partir de sua própria condição de leitor.

Ler e conversar[1]

---

[1] Texto apresentado nas Jornadas de Formación, Encuentros distritales de lectores, mediadores y literaturas. Fundalectura - Idartes - Libro al Viento, em 19 de setembro de 2020.
Tradução de Fabíola Farias.

Com as palavras que direi a seguir, quero fazer uma modesta homenagem a um grande conversador. A alguém que fez de sua vida sua obra, e da conversa sua melhor prática, com a certeza, creio eu, de que para ele o mais importante sempre foi a amizade e a partilha, com amigos e alunos, do que constituiu o centro de sua existência: o pensamento e a reflexão sobre os mais importantes temas que vêm preocupando a humanidade ao longo dos séculos, a partir dos grandes textos da literatura e da filosofia. Este mestre da palavra oral foi Estanislao Zuleta. Apesar de ter escrito pouco, ainda que tenha escrito textos magistrais que deveriam ter maior divulgação, como *El elogio de la dificultad*, seu legado foi construído a partir das gravações de suas aulas e palestras. Poderíamos dizer que Zuleta é um dos mais importantes filósofos colombianos.

Zuleta citava Kant com frequência, filósofo que considerava a conversação como a maior das artes, porque, como disse William Ospina no prólogo que escreveu para o livro *Conversaciones con Estanislao Zuleta*[2], "Kant pensava que a arte deveria fundir-se com a vida, impregnar a existência humana de intensidade e de sentido." Impregnar a existência humana de sentido, repito, deveria ser a intenção que, a meu juízo, promova a leitura e a conversação.

Pediram-me para dirigir esta palestra aos mediadores de leitura, pensando, especialmente, nos programas "Ler em família", mas quero estender minhas palavras a todos os professores e bibliotecários, e por meio deles, às famílias, e não somente aos leitores experientes, a quem desejo propor que revisitem seus saberes com novos e antigos caminhos para reflexão. Dirijo-me também aos não leitores que desejem que seus filhos e alunos não se privem, como eles fizeram, deste poderoso instrumento de imaginação, memória e pensamento que é a leitura, como afirmou Jorge Luis Borges, com a esperança de que eles também se sintam curiosos pelo que leem os seus filhos.

E como a conversa não requer – e mais atrapalham – auxílios visuais para permitir que os gestos, os olhares, os tons de voz, os silêncios, os sorrisos ou as lágrimas se apropriem do espaço e constituam a relevância que têm

---

2 GUZMÁN, Valcárcel; VALENCIA, A. Conversaciones con Estanislao Zuleta. *Cuestiones de Filosofía*, Medellín, v. 6, n. 26, p. 159-199, 2020. (Hombre Nuevo Editores).

em uma boa conversação, não vou usar nenhum tipo de recurso tecnológico visual, que pode ser útil em outras situações, mas não nesta. Já é muito que não possamos nos ver presencialmente e tenhamos de usar as telas, esse meio de comunicação a que nos obriga o distanciamento [por causa da pandemia de Covid-19] e que está se apoderando de todas as instâncias da experiência humana, e que, espero, não tenha chegado para ficar. (Razão a mais para que nos lares se mantenha e se intensifique, neste momento, uma comunicação mais próxima, sem uso de recursos tecnológicos.)

Para entrar em nosso tema, cito novamente Ospina, que no prólogo mencionado diz:

> Estanislao só era capaz de relações pessoais. Para ele, a filosofia era conversação, diálogo vivo e direto com os outros, e a leitura era apenas um exercício de preparação para a grande festa do diálogo [...], com o prazer de compartilhar imediatamente com outros as iluminações do pensamento.

Essa é a forma que proponho de pensar a leitura, como uma preparação para a grande festa do diálogo e da conversação que ela pode suscitar.

Com essas primeiras palavras, imagino que vocês estejam pensando que estou levando muito a sério algo que poderia ser aligeirado, menos transcendental, especialmente quando se trata de diálogos com crianças a partir de livros infantis. Eu respondo, em primeiro lugar, que o tema da conversação deve ser tomado como coisa séria, se levarmos em conta que Kant a considera a mais elevada das artes; e, em segundo, que conversar com crianças e jovens também deve ser sério, como é sério tratar de livros, como bem disse Cesare Pavese[3]: "Acontece com os livros como com as pessoas. É necessário levá-los a sério" – coisa que quase nunca fazemos. É verdade que se os livros são pueris, não vale a pena que os levemos a sério, nem como pretexto para conversar. Por outro lado, os livros para crianças, se são obras de arte, se estão escritos como tal, sempre apresentam temas transcendentais e filosóficos, diriam alguns.

Também é certo que a literatura tem sido usada como pretexto para transmitir valores, conceitos e informações. Há alguns anos, mais de duas décadas atrás, em uma conferência que apresentei no Peru, eu afirmava algo que María Teresa Andruetto cita com frequência. Eu dizia que:

> [...] a literatura tem servido de instrumento de manipulação e de exercício de autoridade por parte do adulto, na medida

---

3 PAVESE, Cesare. *Leer*. Extraído de: Del oficio del poeta. *Hojas de Lectura*, n. 43, p. 8-9, 1996.

em que é utilizada para impor uma maneira de ver e de entender o mundo (a verdade) e de construir valores para "estar no mundo" (a ética). Embora suas funções cognitiva e ética sejam fundamentais, elas só são válidas na medida em que não estejam desvencilhadas da estética. Dito de outra maneira, é a função estética a que dá validade à ética e que permite, sem manipular a sensibilidade do estudante, a construção de conhecimento, a reflexão e o questionamento de valores sociais e ideológicos. É também a função estética, inerente à verdadeira obra literária, que permite falar, de verdade, sem dogmas.

Os bons escritores dedicados aos livros para crianças sabem disso e, sem pretender expor um tema moralizante, nem transmitir valores, apresentam de forma simbólica – e sem discursos pré-fabricados sobre a maldade e a bondade, a verdade e a mentira, a violência e a paz – questões que vão além do ensinamento moral e que constituem preocupações importantes da humanidade: a morte, a finitude, o infinito, a eternidade, a origem da vida e do universo, que são, indiscutivelmente, temas filosóficos. Também abordam temas sobre os sentimentos humanos, como o amor, o ciúme, a amizade ou questões que inquietam igualmente grandes e pequenos: o desamparo, o abandono, a violência. Esses assuntos não são diferentes ou distantes dos que há séculos são tratados pela boa literatura para adultos: grandes problemas e perguntas que a humanidade se faz ao longo do tempo e que são apresentados sem soluções nos livros para adultos. Por que haveriam de resolvê-los, então, os que são voltados às crianças?

Em um livro precioso intitulado *A filosofia e a criança*[4], o escritor norte-americano Gareth B. Matthews se vale de exemplos tomados de excelentes livros, clássicos da literatura infantil, como *O urso que não era*[5], em que seus autores, sem pretender, com diálogos dos personagens em seus cotidianos, têm apresentado com frequência grandes problemas filosóficos. Em *O urso que não era*, por exemplo, a questão do ser e da identidade, "o sonho e o ceticismo, o ser e o não ser, a aparência e a realidade, as bases do conhecimento". Sua tese é de que os autores de livros para crianças são mais sensíveis ao pensamento filosófico dos pequenos do que até mesmo mesmo os grandes psicólogos, como Piaget e Bettelheim, e que este último, que se dedicou seriamente ao estudo dos contos de fadas, passou apenas por alto pela sensibilidade filosófica infantil.

---

4 MATTHEWS, Gareth B. *A filosofia e a criança*. São Paulo: Martins Fontes, 2001.

5 TASHLIN, Frank. *O urso que não era*. São Paulo: Boitatá, 2018.

No livro mencionado, Matthews afirma:

> São os escritores de histórias infantis – pelo menos alguns deles – que têm sido praticamente os únicos adultos a reconhecer que muitas crianças intrigam-se naturalmente com questões filosóficas.

Não pretendo afirmar que as conversações que se dão a partir das leituras de livros com as crianças sejam filosóficas no sentido acadêmico do termo. Não é necessário ser filósofo nem conhecer a história da filosofia para realizar tais conversas, mas simplesmente fazer-se as perguntas que têm ocupado os filósofos e que as crianças se fazem com frequência, na maioria das vezes sem um interlocutor que as escute seriamente. Perguntas sem resposta, como são as verdadeiras questões filosóficas. Mas é necessário advertir que quando considero sérios esses diálogos, não entendo que devam ter um caráter de obrigatoriedade, tampouco que se proponham como atividade rotineira.

E não temos de temer as conversas sobre livros que tratam de temas difíceis, que atualmente estão proscritos, negando às crianças a possibilidade de compreender situações complexas, ou de pelo menos trazê-las à tona e dividir com o adulto suas angústias reprimidas.

Tampouco devemos temer as intervenções dos adultos. Em um excelente ensaio de Hannah Arendt, um clássico dos estudos sobre Educação, *A crise na Educação*[6], a filósofa apresenta questões transcendentais como a da necessária autoridade, que, graças à moda do "politicamente correto", tem sido denunciada com o argumento de que não se pode ameaçar a autonomia das crianças, abandonando-as sozinhas na própria infância.

Arendt afirma algo que, a meu juízo, é uma reflexão muito lúcida sobre o tema da autoridade:

> [...] ao emancipar-se da autoridade dos adultos, a criança não foi libertada, e sim sujeita a uma autoridade muito mais terrível e verdadeiramente tirânica, que é a tirania da maioria. Em todo caso, o resultado é que as crianças, por assim dizer, foram banidas do mundo dos adultos. Elas são, ou jogadas a si mesmas, ou entregues à tirania de seu próprio grupo, contra o qual, por sua superioridade numérica, não podem se rebelar [...].

Por outro lado, o tema da conversação tem recebido a atenção de alguns autores. Na realidade, muitos têm

---

6 ARENDT, Hannah. A crise na Educação. *In: Entre o passado e o futuro.* São Paulo: Perspectiva, 2013.

refletido sobre isso. Poderíamos citar Jonathan Swift, Borges e Truman Capote, mas também especialistas que estão tratando do tema sob diversos pontos de vista. Recentemente vêm se multiplicando os estudos que alertam sobre o fim das conversações como consequência da comunicação via dispositivos digitais e redes sociais, nas quais, dizem, é impossível uma conversa verdadeira, na medida em que exigem muitas interações rápidas, mas com menos interferências e, sobretudo, com contatos visuais perdidos entre telas e vídeos.

Uma destes especialistas, Anne Morrow Lindbergh, diz que:

> [...] a essência do bom diálogo é nossa capacidade de nos entregarmos às trocas com o outro, como numa coreografia. Os participantes se coordenam para que suas ideias dancem juntas, se encontrem, se separem – para ampliar seu horizonte de opiniões – e voltem a se unir para criar novos significados. É por isso que depois de uma conversa profunda nos sentimos transformados. Nós nos nutrimos com novas ideias e submetemos nossos próprios pontos de vista a uma perspectiva diferente, que amplia nossa compreensão sobre o mundo e sobre nós mesmos.

E em seu livro *Conversação*[7], o pensador norte-americano de origem palestina Theodore Zeldin sustenta que:

> Dois indivíduos, conversando com honestidade, podem sentir-se inspirados pelo sentimento de que estão unidos por algo comum com o objetivo de inventar uma arte de viver juntos que ainda não experimentaram.

Nesse mesmo livro, Zeldin faz duas afirmações:

1. A conversa que me interessa é aquela que começamos predispostos a ser alguém diferente depois.
2. A conversa nos coloca frente a frente com indivíduos em toda a nossa complexidade humana.

Embora Zeldin afirme que as tecnologias podem ser úteis em algumas ocasiões, é preciso reconhecer que as conversas sobre as quais temos nos referido dificilmente podem se dar via dispositivos eletrônicos, ainda que eu reconheça também que, às vezes, não podemos prescindir deles.

As palavras de outro conversador colombiano do começo do século passado podem ser úteis neste contex-

---

7 ZELDIN, Theodore. *Conversação*. Rio de Janeiro: Record, 2001.

to: Luis Tejada, conhecido como o pequeno filósofo do cotidiano, em carta dirigida a uma amiga, dizia o seguinte:

> Existe uma diferença essencial entre falar e conversar. [...] O conversador verdadeiro é aquele que, digamos assim, arranca as ideias dos indivíduos, elevando-as a uma esfera pura e impessoal: ou seja, é aquele que pensa.

Examinar, analisar, discutir, afirmou Tejada, requer "composição de lugar, de tempo e de modo", e nos oferece algumas recomendações interessantes para o nosso caso:

> [...] é preciso que os interlocutores não estejam muito distantes para que a misteriosa influência vital, magnética, que se desprende de cada pessoa, opere sobre a outra ou as outras; [...] é preciso, ademais, que se leve uma disposição especial de ânimo, que não haja preocupações agudas que distraiam ou um mal-estar físico que incomode. Só assim se consegue aquela atenção concentrada, aquele interesse vivo e consistente necessário para entrar em uma verdadeira conversação.[8]

---

8 LOAIZA CANO, Gilberto. *Nueva antología de Luis Tejada*. Medellín: Editorial Universidad de Antioquia, 2008.

Ainda que Tejada não esteja tratando de conversações a partir de leituras, como eram as de Zuleta, o que podemos deduzir de suas palavras se aplica a diálogos sobre livros; e para que essa conversação aconteça efetivamente, é preciso que os que a propõem tenham verdadeiro entusiasmo pela obra que gera o diálogo. Não é possível que todas essas condições – a atenção, o entusiasmo, a seriedade – se deem com livros intranscendentes, que não ofereçam possibilidades de leitura que extrapolem um simples comentário banal ou uma identificação imediata com um personagem, ou, ainda, uma anedota medíocre.

Mas, além disso, também se requer um verdadeiro entusiasmo pela palavra, que se reconheça o valor da palavra, falada e escrita, sobre cuja decadência e deterioração muitos pensadores nos alertam. Um deles, Ítalo Calvino, diz:

> Às vezes me parece que uma epidemia pestilenta fustiga a humanidade inteira em sua faculdade mais característica, ou seja, no uso da palavra; uma peste da linguagem que se manifesta como perda de força cognoscitiva e imediatidade, como um automatismo que tendesse a nivelar a expressão em fórmulas mais genéricas, anônimas, abstratas, a diluir os significados, a embotar os pontos expressivos, a extinguir

toda centelha que crepite no encontro das palavras com novas circunstâncias. [E mais adiante:] A literatura (e talvez somente a literatura) pode criar os anticorpos que coíbam a expansão desse flagelo linguístico.[9]

Agora quero enumerar algumas das razões com que se negam as conversações sérias com as crianças:

1. Diz-se que a infância é apenas uma e que é preciso deixar que as crianças a desfrutem como quiserem, sem que seu tempo seja invadido.
2. Também se diz que as crianças não estão aptas a conversar sobre temas difíceis e que chegará o momento em que terão de enfrentá-los.
3. E, com frequência, se afirma que os livros são para passar o tempo, divertir, descansar dos estudos e do trabalho.

A propósito de argumentos como esses, a escritora Sara Bertrand, em um livro de ensaios ainda inédito, afirma o seguinte:

---

9 CALVINO, Italo. *Seis propostas para o próximo milênio*. São Paulo: Companhia das Letras, 1990.

Usualmente os subestimamos, ofendendo sua criatividade e inteligência, a curiosidade que expressam sobre o mundo que habitam e do qual têm direito de apropriar-se. Por outro lado, ressalvando algumas diferenças, somos mais benevolentes com as crianças do que com os adolescentes e jovens, tendemos a dar por certo que sua idade os incapacita para escutar ou ler nas entrelinhas, para ir de uma palavra dita a um imaginário e desse imaginário a um sentido particular, a uma certa referência ou sabedoria, como se vivessem fora de suas sociedades. E não é assim.

Por fim e a título de conclusão, poderia dizer que hoje, mais que nunca, devemos resgatar a arte da conversação, tendo os livros como bons pretextos para isso, uma vez que oferecem temas, abordagens e pontos de vista que alimentam diálogos inteligentes. Hoje, mais que nunca, quando a palavra está tão esvaziada e desvalorizada, com as crianças precisando de suporte que lhes ofereçam elementos para entender o mundo em que começam a viver. Que as crianças são interlocutoras legítimas e inteligentes, pensam, refletem sobre o mundo, a existência e a condição humana, e não somente necessitam de palavras dos adultos que lhes ofereçam vantagens em suas trajetórias. Elas estão em condições de "ir além" em suas experiências na vida e com os livros, bem como de produzir reflexões que os adultos não conhecem ou já esqueceram.

É preciso nos despojar da ideia de que intervir é vulnerar sua autonomia, e entender que não é ruim que haja leitores mais experientes, que viveram mais e que não deveriam renunciar a partilhar seu saber com os "novos" nas palavras de Hannah Arendt. Na atualidade, o "politicamente correto" inibe as intervenções dos adultos – necessárias, se queremos dividir com os outros saberes que os ajudam a crescer como leitores e como seres humanos.

Por último, quero chamar a atenção para alguns aspectos do que seria necessário quando nos dispomos a esta atividade de longo alcance, que seria propor uma ampla conversação que parta de boas leituras:

- Bons e belos livros, bem escritos e com temas que mobilizem o pensamento e a reflexão, que comovam o leitor. O segredo é não ter medo de conversar sobre os temas tratados por esses livros.
- Tempo e espaço adequados.
- Respeito pela palavra do interlocutor.
- Atenção e capacidade de escuta: atitude receptiva e convicção de que os outros dizem coisas inteligentes e que as crianças não são exceção. Ter mais experiência

que elas não significa que elas não sejam profundas e atentas, e que não nos surpreendam com suas intervenções.
- Reconhecer que a palavra é o centro da conversação, mas que essa também está sujeita a intervenções e é fonte de gestos, silêncios, sorrisos, olhares, lágrimas.

Para finalizar, deixo uma recomendação: escutem a conferência *A arte da conversação* do professor antioqueno Carlos Mario González, que também dedicou sua vida à conversação e ao resgate de Zuleta.[10]

---

10 Conferência intitulada *El arte de la conversación*, proferida por Carlos Mario Gonzáles, em 2 de abril de 2008, na Corporación Cultural Estanislao Zuleta. [Vídeo: https://www.youtube.com/watch?v=wggowTPN_W8.]

A difícil arte de ler e ser e o direito de ser e ler

Que é isso de levar a ler literatura?
Que há nesse movimento que o justifique?

por Luiz Percival Leme Britto[1]

---

[1] Doutor em Letras, professor da Universidade Federal do Oeste do Pará (Ufopa), onde coordena o Grupo de Pesquisa, Estudos e Intervenção em Leitura, Escrita e Literatura na Escola (Lelit), autor de *Ao revés do avesso – Leitura e formação* (2015), publicado nesta Coleção Gato Letrado.

A Silvia, mulher de compromisso e voz de esperança, ofereço estas palavras, que, sei, nascem do que diz e faz uma vida inteira.

Em A Flor e a Náusea[2], poema de esperança em um tempo pobre, Drummond, nauseado diante das melancolias e mercadorias que o espreitam, sentindo-se em meio a uma opacidade que se impõe pelo automatismo da vida – "sob a pele das palavras há cifras e códigos" –, lastima, entre angústia e revolta: "as coisas. Que tristes são as coisas, consideradas sem ênfase".

E, em Os ombros suportam o mundo[3], poema de afirmação da vida em um "tempo de absoluta depuração", o poeta, entranhado na vida que segue na secura extrema – "Tempo em que não se diz mais: meu amor. / Porque o amor resultou inútil. / E os olhos não choram. E as mãos tecem apenas o rude trabalho. / E o coração está seco" –, recusa o apelo à divindade e ao amor como esteio de vida, ou à morte como solução definitiva e absoluta, e declara, peremptório: "Chegou um tempo em que a vida é uma ordem. / A vida apenas, sem mistificação".

2 DRUMMOND DE ANDRADE, Carlos. A flor e a náusea. In: *A rosa do povo*. São Paulo: Companhia das Letras, 2012, p. 13-14 (ed. original: 1945).
3 DRUMMOND DE ANDRADE, Carlos. Os ombros suportam o mundo. In: *Sentimento do mundo*. São Paulo: Companhia das Letras, 2012, p. 33 (ed. original: 1940).

Restam ao "poeta pobre" as palavras. Palavras que, em "maus poemas", manifestam a indignação contra a violência com a vida e, entremeadas de sentimento de nulidade – "posso sem armas revoltar-me" –, anunciam a esperança mínima que se manifesta por uma flor, feia, que, "fura asfalto, ilude a polícia", põe "galinhas em pânico".

Não será com a ilusão fantasista nem com a subordinação pragmática, e muito menos com o cálculo parametrizado, que se edificará uma sociedade de justiça, digna e equilibrada, em que todos – livres dos sofrimentos impingidos pela miséria fabricada pela iniquidade perversa da ordem do capital e suas ideologias – possam sofrer a dor e experimentar o gozo de simplesmente viver, sem mistificação.

Não se propõe ao outro a leitura porque ela salva, ou liberta, ou alegra. Aliás, se propõe, mas isso resta inútil. O convite que cabe fazer, a luta que cabe travar, é de conhecer, pela arte e pela criação intelectual humana – a leitura é meio para isso –, a vida que se faz humana pela ação humana, tensa, complexa, difícil. Haverá, assim, de indagar-se quem se põe no lugar de leitor, "Mas que coisa é homem", quanto vale, por que morre, por que vive, por que mente, por que chora, que dor é homem, indagar se há alma no homem, para que ele serve, enfim, indagar "que milagre é o homem, que sonho, que sombra" (outra vez Drummond: *Especulações em torno da palavra homem*[4]).

Há que reconhecer o difícil dessa tese, a quase impossibilidade de sua realização, em um tempo em que a ideia de liberdade é usurpada pelo egoísmo e pela ilusão da subjetividade majestosa; um tempo em que a ideia de solidariedade é avassalada pelo princípio de desenvolvimento movido pela competição e acumulação, em que os vitoriosos – bondosamente – estenderiam a mão aos miseráveis; um tempo em que o mistério da existência se banaliza em irracionalismos travestidos de misticismos e crenças mágicas, anunciando a salvação da alma oca; um tempo em que a morte trágica se metamorfoseia em espetáculos insanos; um tempo em que o outro, se não se fizer na conformidade de autoridade, é fruto (pobre?) de família desestruturada.

E também há de dizer quão difícil é a educação para a indagação da existência e para a vida compartilhada em sociedade quando se divulga, ingênua ou astutamente,

---

4 DRUMMOND DE ANDRADE, Carlos. Especulações em torno da palavra homem. In: *A vida passada a limpo*. São Paulo: Companhia das Letras, 2013, p. 28-32 (ed. original: 1959).

que ler é prazer, que a leitura se faz pelo hábito e pela imitação do bom exemplo, que pela leitura se produzem bons sentimentos e ações, que cada leitura é única e que é leitor quem diz ao texto o sentido que lhe cabe (em versões simplórias ou sofisticadas), entre tantos mitos que conformam boa parte do que se tem chamado de formação do leitor.

Tornou-se senso comum a afirmação de Paulo Freire de que "a leitura do mundo precede sempre a leitura da palavra, e a leitura desta implica a continuidade da leitura daquele". Adotada por movimentos políticos e intelectuais tíbios, essa tese involucra todo tipo de ingenuidade e oportunismo, esvaziando a tensa dialética freireana. O próprio educador adverte sobre a necessidade de ir mais longe e dizer que

> a leitura da palavra não é apenas precedida pela leitura do mundo, mas por uma certa forma de "escrevê-lo" ou de "reescrevê-lo", quer dizer, de transformá-lo através de nossa prática consciente. [Daí porque,] tanto no caso do processo educativo quanto no do ato político, uma das questões fundamentais seja a clareza em torno de *a favor de quem e do quê*, portanto, *contra quem e contra o quê*, fazemos a Educação, e de *a favor de quem e contra o quê* desenvolvemos a atividade política. [E conclui, definitivo:] entendemos, então, facilmente,

não ser possível pensar, sequer, a Educação sem que estejamos atentos à questão do poder.[5]

Certamente, a literatura – e a arte como um todo – tem muitas razões de ser e de ser fruída, conhecida, vivida. Mas a razão de querer fazer dela um gesto humano necessário só pode ser aquela de, livre da fantasia e do pragmatismo, permitir à gente toda indagar de sua condição de existência – "que coisa é homem, se existe homem?". E o compromisso de quem se bate pela disseminação da possibilidade – objetiva, material e intelectual – de que todos possam ler é necessariamente o do direito à vida – imprescindível, inalienável, embora hoje solapado pelo egoísmo sistêmico da ordem do poder e por sua ideologia.

---

5 FREIRE, Paulo. A importância do ato de ler. In: *A importância do ato de ler – em três artigos que se completam*. São Paulo: Cortez, 1982, p. 22 e p. 27.

REFERÊNCIAS BIBLIOGRÁFICAS

ARENDT, Hannah. *Entre o passado e o futuro*. São Paulo: Perspectiva, 2013.

BAJOUR, Cecilia. *Apuntes sobre bibliotecas escolares*. Reflexiones surgidas a partir del intercambio del I Encuentro de Bibliotecas escolares - "Perspectivas de las Bibliotecas escolares en Iberoamérica". Cerlalc. Cartagena de Indias, Julio 25-27, 2006.

_____. *Oír entre líneas*. Bogotá: Asolectura, 2008. [*Ouvir nas entrelinhas: o valor da escuta nas práticas de leitura*. São Paulo: Pulo do Gato, 2012].

_____ ; BOMBINI, G. *Módulo III - Bibliotecas escolares*. Mestrado em Promoción de la lectura, Universidad de Alcalá. Instituto de Postgrado de Estudios Culturales y de Comunicación. (www. ipecc.net)

CALVINO, Italo. *Seis propostas para o próximo milênio*. São Paulo: Companhia das Letras, 1990.

CAMPOS DE QUEIRÓS, Bartolomeu. *Manifesto por um Brasil Literário*, 2023.

CASATI, Roberto. *Elogio del papel: contra el colonialismo digital*. Barcelona: Planeta, 2015.

CASTÁN, Guillermo. *Las bibliotecas escolares: soñar, pensar, hacer*. Sevilla: Díada Editora, 2002.

CASTELLS, Manuel. *La sociedad red*. Madrid: Alianza, 1998. [*A sociedade em rede*. São Paulo: Paz e Terra, 2021.]

CASTRILLÓN, Silvia. Presencia de la literatura en la escuela. *Hojas de lectura*, n. 50, Bogotá: Fundalectura, Enero-Marzo de 1998.

CHAMBERS, Aidan. *El ambiente de la lectura*. México: Fondo de Cultura Económica, 2007.

_____. *Conversaciones*. México: Fondo de Cultura Económica, 2009.

_____. *Los niños, la lectura y la conversación*. México: Fondo de Cultura Económica, 2007. [*Diga-me* – As crianças, a leitura e a conversa. São Paulo: Cortez Editora, 2023].

CHARTIER, Roger. *Las revoluciones de la cultura escrita*. Barcelona: Gedisa, 2000.
DRUMMOND DE ANDRADE, Carlos. *A rosa do povo*. São Paulo: Companhia das Letras, 2012.

_____. *Sentimento do mundo*. São Paulo: Companhia das Letras, 2012.

_____. *A vida passada a limpo*. São Paulo: Companhia das Letras, 2013.

FERREIRO, Emilia. Acerca de las no previstas pero lamentables consecuencias de pensar sólo en la lectura y olvidar la escritura cuando se pretende formar un lector. *Lecturas sobre lecturas*, México, n. 3, 2002.

_____. La alfabetización en perspectiva. In: CONGRESO MUNDIAL DE LECTURA DA INTERNACIONAL READING ASSOCIATION, 22., 2008, San José, Costa Rica.

FREIRE, Paulo. *A importância do ato de ler*: em três artigos que se completam. São Paulo: Cortez, 1982.

_____. *Pedagogia da autonomia*: saberes necessários à prática educativa. São Paulo: Paz e Terra, 1996.

GIROUX, Henry. *La alfabetización y la pedagogía de la habilitación política*. Barcelona: Paidós, 1989.

LEME BRITTO, Luiz Percival. *Inquietudes y desacuerdos*: la lectura más allá de lo obvio. Bogotá: Asolectura, 2010. [*Inquietudes e desacordos*: a leitura além do óbvio. Campinas: Mercado de Letras, 2012].

LERNER, Delia. *Leer y escribir en la escuela*: lo real, lo posible y lo necesario. México: Fondo de Cultura Económica, 2001. [*Ler e escrever na escola*: o real, o possível e o necessário. Porto Alegre: Penso, 2002].

LEWIS, Clive Staples. *La experiencia de leer*. Barcelona: Alba, 2000. [*A experiência de ler*. Portugal: Porto Editora, 2003].

LOAIZA CANO, Gilberto. *Nueva antología de Luis Tejada*. Medellín: Editorial Universidad de Antioquia, 2008.

MATTHEWS, Gareth B. *A filosofia e a criança*. São Paulo: Martins Fontes, 2001.

MEIRIEU, Philippe. *La opción de educar*: ética y pedagogía. Barcelona: Octaedro, 2001.

MONTES, Graciela. *Buscar indicios, construir sentido*. Bogotá: Babel Libros, 2018. [*Buscar indícios, construir sentidos*. Salvador: Solisluna Editora, 2020].

_____. *La frontera indómita*. En torno a la construcción y defensa del espacio poético. México: Fondo de Cultura Económica, 1999.

_____. *La gran ocasión*. Buenos Aires, Ministerio de Educación, Ciencia y Tecnología. (Disponível em: http://www.bnm.me.gov.ar/giga1/documentos/EL002208.pdf).

MORIN, Edgar. *Los siete saberes necesarios para la educación del futuro*. París: Unesco, 1999. [*Os sete saberes necessários à educação do futuro*. São Paulo: Cortez Editora, 2018].

OSORO ITURBE, Kepa. Por qué es prioritario crear buenas bibliotecas escolares. In: CONGRESO NACIONAL DE LECTURA, 5., 2002, Bogotá. *Memorias*, Bogotá: Fundalectura, 2002.

PATERSON, Katherine. Encuentro de dos mundos. In: CONGRESO DE IBBY, 27., 2001, Bogotá. [*Anais...*], Bogotá: Fundalectura, 2001.

PAVESE, Cesare. Del oficio del poeta. *Hojas de Lectura*, n. 43, dez. 1996.

PETRUCCI, Armando. Leer por leer: un porvenir para la lectura. In: CAVALLO, Guglielmo; CHARTIER, Roger. *Historia de la lectura en el mundo occidental*. Madrid: Taurus, 2001.

REIMERS, Fernando. *Promoviendo el diálogo público para mejorar las escuelas que asisten los hijos de los pobres*. Apresentação para a obtenção de título em Evaluación de la calidad de la educación, Ciudad de México, Secretaría de Educación Pública, 28 de agosto, 2002.

SAID, Edward. *Las representaciones del intelectual*. Barcelona: Paidós, 1996. [*Representações do intelectual*. São Paulo: Companhia das Letras, 2005].

SALINAS, Pedro. *Defensa de la lectura*. Bogotá: Asolectura, 2016.

SAVATER, Fernando. *La infancia recuperada*. Madrid: Taurus, 1983. [*A infância recuperada*. São Paulo: Martins Fontes, 2019].

SIGMAN, Mariano. *El poder de las palabras*. Buenos Aires: Debate/Random House, 2022. [*O poder das palavras*. São Paulo: Objetiva, 2023].

SIMONS, Maarten; MASSCHELEIN, Jan. *Defensa de la escuela*: una cuestión pública. Buenos Aires: Miño y Dávila, 2014. [*Em defesa da escola* – Uma questão pública. Belo Horizonte: Autêntica, 2023].

TASHLIN, Frank. *O urso que não era*. São Paulo: Boitatá, 2018.

VALCÁRCEL Guzmán, J. (2020). VALENCIA, A. (2008). Conversaciones con Estanislao Zuleta. *Cuestiones de Filosofía*, Medellín, n. v. 6, n. 26, 2020.

ZELDIN, Theodore. *Conversação*. Rio de Janeiro: Record, 2001.

ZULETA, Estanislao. *Arte y filosofía*: introducción a la búsqueda. Bogotá: Ariel/Planeta, 2020.

_____. *Conversaciones con Estanislao Zuleta*. Bogotá: Ariel/Planeta, 2020.

_____. *Educación y democracia*. Bogotá: Ariel/Planeta, 2020.

_____. *Elogio de la dificultad y otros ensayos*. Bogotá: Ariel/Planeta, 2020.

SOBRE A AUTORA

O trabalho da bibliotecária, escritora e editora colombiana **Silvia Castrillón** sempre esteve respaldado pela intensa atividade intelectual e pelo incansável compromisso social, ambos dirigidos à reflexão sobre a responsabilidade política dos bibliotecários e das bibliotecas na promoção da leitura e da escrita como práticas culturais fundamentais para a inclusão social, que contribuem para o maior desenvolvimento da Colômbia e da América Latina.

Silvia Castrillón liderou em seu país a criação de importantes entidades, como a pioneira Asociación Colombiana para el Libro Infantil y Juvenil, e a Fundalectura – Fundación para el Fomento de la Lectura, por meio da qual dirigiu vários congressos colombianos e latino-americanos de leitura, além de ter organizado o 27º Congresso Mundial do IBBY (International Board on Books for Young People).

Foi consultora de organismos internacionais, como Unesco, OEA, Secab, Cerlalc e ONU, sobre bibliotecas públicas, livros para crianças e jovens e políticas públicas para a promoção da leitura e da escrita. Atuou como membro da comissão de jurados do Prêmio da Unesco de Livros Infantis para a Tolerância e do Prêmio Hans Christian Andersen, entre outros.

Atualmente dirige a Asociación Colombiana de Lectura y Escritura – Asolectura, por meio da qual iniciou amplo debate sobre a importância da mobilização e participação da sociedade civil na formulação de políticas públicas que reconheçam e respondam pela promoção do direito de ler e de escrever de todos os cidadãos. Faz parte também do grupo de especialistas ibero-americanos da Organização dos Estados Ibero-Americanos para a Educação, a Ciência e a Cultura (OEI).

Tem participado como conferencista de inúmeros congressos internacionais sobre leitura, literatura infantil e juvenil e bibliotecas, com trabalhos apresentados e publicados em diversos países, entre eles Espanha, França, México, Brasil, Argentina, Equador, Venezuela e Colômbia. Entre seus livros destacam-se: *Modelo flexible para un sistema de bibliotecas escolares* (Bogotá: OEA, 1982), *Una mirada* (Bogotá: Asolectura, 2010), *O direito de ler e de escrever* (Brasil: Editora Pulo do Gato, 2011).

DEDICATÓRIA E AGRADECIMENTOS

O tempo me concedeu o papel privilegiado de testemunha das iniciativas de promoção do livro e da leitura que nas últimas cinco décadas ocorreram na América Latina; por isso, reafirmo aqui meu compromisso em testemunhar o melhor dessas iniciativas.

No Brasil, a Fundação Nacional do Livro Infantil e Juvenil, sob a sensata orientação de Elizabeth Serra, e daqueles que a antecederam, é um dos maiores exemplos de iniciativas bem-sucedidas na América Latina. Seu forte compromisso com os autores brasileiros de literatura infantil e juvenil permitiu que o Brasil se tornasse referência mundial em termos de autores consagrados; os Salões do Livro, a cada ano, por meio de um espaço com múltiplas atividades enriquecedoras para o encontro das crianças com o livro, contribui para a formação de leitores; os prêmios e incentivos que anualmente dão destaque ao melhor da criação e da produção brasileira, e que constituem um apoio, sem precedentes em outros países, a essa criação. E, ainda, suas iniciativas para o fomento das bibliotecas públicas, comunitárias e nas escolas, ações necessárias para o propósito que muitos de nós abraçamos na América Latina: o cumprimento do direito à leitura e à escrita que toda a sociedade tem e do qual grande parte dela está excluída.

Por outro lado, a participação ativa para garantir a coordenação das iniciativas entre países latino-americanos, que tornou possível nosso trabalho conjunto em realizações importantes e mundialmente reconhecidas.

Por tudo isso, me sinto comprometida com a Fundação Nacional do Livro Infantil e Juvenil e lhe dedico este livro. Quero agradecer o trabalho de Luiz Percival Leme Britto, de Fabíola Farias e das demais tradutoras, que tornaram possível a publicação deste livro. Assim como a Leonardo Chianca, a Márcia Leite e à Editora Pulo do Gato, por acolherem as minhas palavras.

Este livro foi publicado pela
Editora Pulo do Gato em
setembro de 2024, mês e ano
de seu 13º aniversário.